与最聪明的人共同进化

HERE COMES EVERYBODY

湛庐 CHEERS

# 极速传染

EVERYTHING BAD IS GOOD FOR YOU

［英］史蒂文·约翰逊 著

Steven Johnson

童玥 郑中 译

天津出版传媒集团

天津科学技术出版社

上架指导：商业创新

本书中文简体字版由 Riverhead Books, an imprint of Penguin Publishing Group, a division of Penguin Random House LLC 授权在中华人民共和国境内独家出版发行。未经出版者书面许可，不得以任何方式抄袭、复制或节录本书中的任何部分。

天津市版权登记号：图字 02-2020-213 号

图书在版编目 (CIP) 数据

极速传染 / (英) 史蒂文·约翰逊著；童玥，郑中译. — 天津：天津科学技术出版社，2020.9
书名原文：Everything Bad Is Good For You
ISBN 978-7-5576-8574-4

Ⅰ.①极… Ⅱ.①史… ②童… ③郑… Ⅲ.①群众文化—文化传播—研究 Ⅳ.① G24

中国版本图书馆 CIP 数据核字 (2020) 第 157133 号

---

极速传染
JISU CHUANRAN
责任编辑：吴  顿
责任印制：兰  毅
出　　版：天津出版传媒集团
　　　　　天津科学技术出版社
地　　址：天津市西康路 35 号
邮　　编：300051
电　　话：(022) 23332377 (编辑部)
网　　址：www.tjkjcbs.com.cn
发　　行：新华书店经销
印　　刷：石家庄继文印刷有限公司

开本 710×965　1/16　印张 14.5　字数 165 000
2020 年 9 月第 1 版第 1 次印刷
定价：79.90 元

STEVEN JOHNSON

# 科技界的达尔文

## 史蒂文·约翰逊

# 一

# 为创新而生，
# 以 "长变焦视角" 揭示创意之源

史蒂文·约翰逊天生就对所有的新事物拥有无限的好奇心，而在布朗大学研究符号学以及在哥伦比亚大学学习文学的经历，不仅练就了他对于细节的洞察力以及对宏大历史的掌控力，还让他独创了揭示创意之源的 "长变焦视角"。

我们生活的时代，无疑是一个创意满天飞的时代，而史蒂文·约翰逊通过他的研究，为我们揭示了颠覆式创新的源泉。在《助燃创新的人》（*The Invention of Air*）中，约翰逊通过描写现代化学之父、伟大化学家约瑟夫·普里斯特利（Joseph Priestley）的传奇跨界人生，为我们重现了普里斯特利的五大创新思维特质：跨学科思维特质、生态系统思维、长变焦视角、社交之网特性和乐观主义精神。在跌宕起伏的故事以及行云流水般的文字之下，一个伟大创新者的形象变得栩栩如生起来。在《伟大创意的诞生》（*Where Good Ideas Come From*) 中，约翰逊指出：人们通常会把颠覆式创新的产生过程浪漫化，想象一个个伟大的创意会超越环境的限制横空出世，但实际上新创意更像是从一些旧思想和僵化的传统中发现的一些全新的创意。

从 600 年创新自然史之中，史蒂文·约翰逊成功归纳出了七大创新模式：相邻可能、液态网络、慢直觉、意外的收获、有益的错误、功能变异和开放式"堆叠"平台，并进一步揭示出：一个创意是一群细胞组成的网络，会尽可能地在相邻空间里，去探寻一些新的网络组合方式。这一点适用于任何一次创意的产生。在《极速传染》（*Everything Bad Is Good For You*）中，约翰逊通过描写流行文化的发展历程，为我们揭示了打造上瘾型产品的四大思维：游戏化思维、社交思维、参与思维和系统思维。谁能调动用户的这四大思维，谁就将拥有价值无限的创意，让自己的产品真正引爆流行。

# 跨界科技、人文的创新引领者，数字化未来十大科技思想家之一

约翰逊一直将写作方向聚焦于科技与创新前沿，他在科技与人文领域的跨界，让他获得了独一无二的视角。他曾作为《连线》杂志的特约编辑，记录科技的最新发展；还曾作为《纽约时报》《华尔街日报》《金融时报》等权威媒体的专栏作家，写下他对于科技创新的深度观点；他的文章《Twitter 如何改变我们的生活》登上了《时代周刊》，《纽约客》杂志还特邀他与凯文·凯利（Kevin Kelly）对谈，畅聊技术对创新的影响；而在 TED 上，与《伟大创意的诞生》同名的演讲"Where Good Ideas Come From"更是在全世界范围内广为流传。

约翰逊的研究广泛影响了商业范式的革新与城市规划的进阶，作为跨界创新者，他被英国《展望》杂志评为"数字化未来十大科技思想家之一"。

STEVEN JOHNSON

# 兼具无限探索精神与超强洞察力，影响美国前总统克林顿、英国前首相布莱尔的畅销书作家

约翰逊是世界著名科普作家，其著作多聚焦于科学、技术和创新领域，以引人入胜的观察与深入的洞察力知名。迄今为止，他共著有包括《助燃创新的人》《伟大创意的诞生》《极速传染》《涌现》《幽灵地图》在内的8部畅销书，被译成十多种语言，在全世界广为传播，受到美国前总统克林顿、英国前首相布莱尔的推崇。《伟大创意的诞生》更是受到《史蒂夫·乔布斯传》作者沃尔特·艾萨克森（Walter Isaacson）的极力推荐。因为在自己的书中善于使用广博的素材，

描写超长的时间尺度，被读者评论为：阅读时的体验，就像一边在科罗拉多大峡谷高空跳伞，一边品着拿铁咖啡。

作者演讲洽谈，请联系
speech@cheerspublishing.com

更多相关资讯，请关注

湛庐文化微信订阅号

湛庐 CHEERS 特别制作

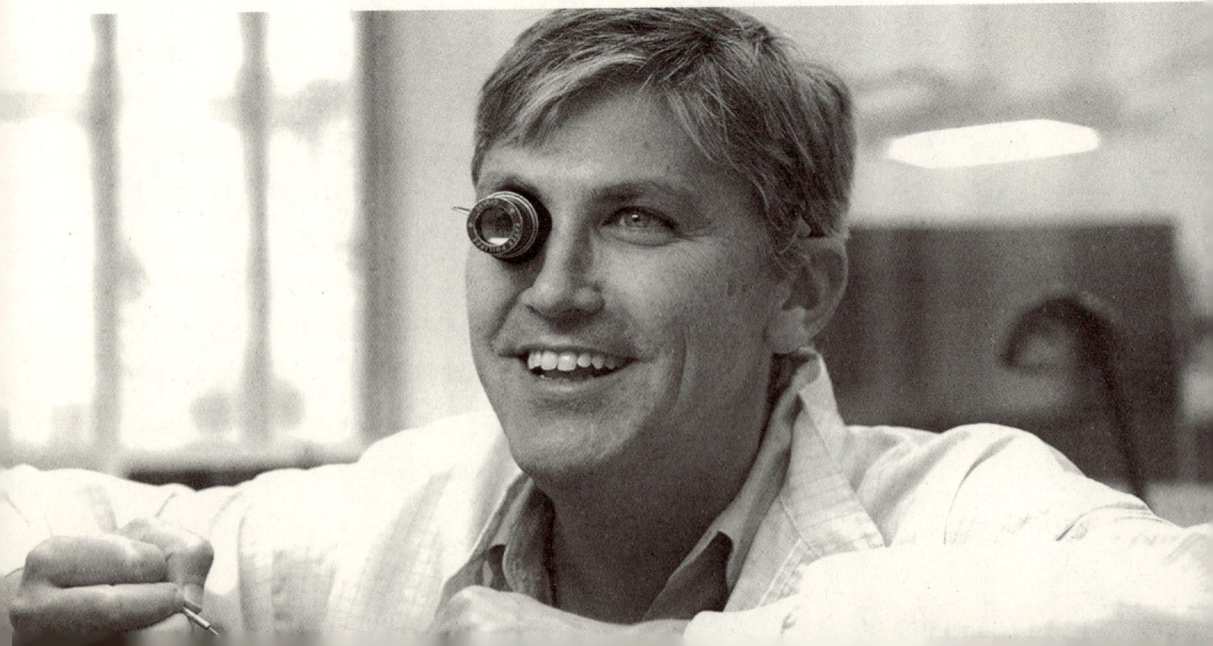

科学家 A：他点了什么特别的东西吗？

科学家 B：为什么这样问呢？他还真点了份特制早餐……
他点了小麦胚芽、有机蜂蜜，还有老虎奶。

科学家 A：这就对了。这些都是很多年前人们觉得能够长
寿的神秘物质。

科学家 B：你的意思是，之前人们觉得低脂肪的东西能让人
长寿？所以他们不吃牛排、奶油派，或是……热
巧克力？

科学家 A：当时人们觉得这些东西很不健康……

—— 摘自科幻喜剧电影《傻瓜大闹科学城》（*Sleeper*），
伍迪·艾伦（Woody Allen）执导

这是个沉迷于图像娱乐的年代。在这个日益幼稚的社会，在这个精
神哲学已经被简化到赞颂"选择"的社会，成年人在吸收传统娱乐内容
以及电子游戏（如计算机游戏、掌上游戏）、视频等娱乐内容时，与孩
童越来越没有分别。这种进步其实是：用更复杂的方式变得更愚蠢。

—— 乔治·威尔（George Will）

# 我们真的是在娱乐至死吗

本书的内容其实算是老生常谈，最终目的是说服你相信：总体来说，在过去 30 年里，大众文化变得更加复杂，也更加挑战智力。虽然大多数评论家都认为我们身处的社会江河日下，用乔治·威尔的话来说就是："这个日益幼稚的社会"[1]，但我看到的却是另一番景象：大众文化正变得越来越复杂，年复一年地强化对于全新认知力的需求。这就像是一种积极的"洗脑"：虽然大众娱乐常被诟病为低级趣味，但在我们沉迷于大众娱乐无法自拔时，大众媒体正稳步提升着我们的思维能力。我把这种上升趋势称为"睡眠者曲线"（Sleeper Curve），取自伍迪·艾伦执导的科幻电影《傻瓜大闹科学城》[①]中的经典镜头：一组从

---

[①]《傻瓜大闹科学城》（*Sleeper*），英文直译为"睡眠者"，即作者在书中所提到的"睡眠者曲线"这一概念的出处。——译者注

2173 年穿越回来的科学家惊讶地发现，20 世纪的人们竟无法理解奶油派和热巧克力的营养价值。

即使你们也曾陷入自我怀疑，我仍希望本书的论点能让你们中的许多人重拾信念，那就是大众文化并没有以螺旋式下降的趋势退化。如果下次再有人向你抱怨电视暴力、裸露镜头、华而不实的真人秀，或者那些眼神呆滞、玩任天堂游戏上瘾的人时，你就该想到，在这些混乱表象之下，"睡眠者曲线"正稳步上升。天并不会因此塌下来，而实际上很多方面反而是前景光明的，只是需要人们用另一种眼光来看待。

扫码下载"湛庐阅读"App，
搜索"极速传染"，
看作者讲述伟大的创意如何涌现。

# 善用认知曲线，成功引燃流行

　　每个人在童年时都有自己珍爱的宝贝。这些珍宝在外人看来或许平淡无奇，但当孩子长大后再看到它们时，这些宝贝一定会勾起他们满满的儿时记忆。我童年时的宝贝是父亲从他的律师事务所带回来的一沓复印纸，上面印满了密密麻麻的数字，那时我9岁。乍一看，这些纸似乎无法引起小学生的兴趣，不仔细看的话，你可能以为那只是工资单报表。但当你仔细研究时，就会发现上面的人名都很眼熟，有些甚至很有名气：詹姆斯·亨特[1]、

---

[1] 詹姆斯·亨特（James Hunter）：绰号"鲶鱼"，美国职业棒球大联盟（MLB）的前职业棒球运动员，于1965—1979年在堪萨斯城田径队、奥克兰田径队和纽约洋基队担任投手。他是1915年以来第一个在31岁便赢得200场职业比赛的投手，常被誉为"美国棒球史上首个天价自由球员"。——译者注

皮特·罗斯<sup>①</sup>、维达·布鲁<sup>②</sup>……这些棒球明星的名字随机散落在数字的海洋里。

我父亲带回家的那些纸其实是一款游戏的一部分，尽管我从未玩过这种类型的游戏。这是一款模拟棒球联赛的游戏，叫作"APBA"，是"美国职业棒球协会"（American Professional Baseball Association）的缩写。APBA 游戏需要用到骰子和数据。一家来自宾夕法尼亚州兰开斯特市的公司分析了前一赛季的统计数据，并以此制作了一套卡牌，每张卡牌代表一位当年至少参加过 12 场比赛的球员。这套卡牌以一系列错综复杂的数字网格来记录球场上每个球员的能力：强击手和三振出局者，控球高手和飞毛腿。简单来说，APBA 就是用卡牌来打棒球赛，至少是在假想自己是位棒球教练：你需要挑选团队的出场阵容，决定开局投手，选择什么时候短打，什么时候盗垒。

总的来说，APBA 听起来还是挺有趣的，毕竟哪个孩子不想拥有自己的球队呢？但实际上，这款卡牌游戏玩起来非常复杂。用最简单的话来说，游戏遵循这样的基本程序：挑选队员，制定策略，投掷骰子，然

① 皮特·罗斯（Pete Rose）：绰号"拼命查理"，是美国职业棒球大联盟前球员及总教练。罗斯于 1963—1978 年及 1984—1986 年效力于辛辛那提红人队。——译者注

② 维达·布鲁（Vida Blue）：美国职业棒球大联盟一位左利手的前投手。在 17 年的职业生涯中，他曾在奥克兰运动家队（1969—1977）、旧金山巨人队（1978—1981）以及堪萨斯城皇家队（1982—1983）担任投手。1971 年，他获得美国赛扬奖以及最有价值球员奖。——译者注

后参考"查询表"来获取结果，比如三振出局、本垒打或者向三垒击出一记地滚球。

APBA 游戏并不像想象中那么简单。你可以找个人做你的对手，也可以一人分饰两角管理两支球队，而敌队所做出的决定会使变量发生微妙的变化，从而产生重大影响。在每场比赛开始时，或者你做出换人决定时，你都必须把自己阵容中每个球员的守备值加起来。如果你的球队特别善于防守，那么某些表现结果就会发生变化，从而让防守能力较弱的敌队出现更多失误。根据跑垒者数量的不同，要用到的对照表格也不同：如果你在第三垒上有一名球手，那么你就要参照"第三垒跑垒者"表格。特定的性能数字会带来完全不同的结果，这取决于投手的表现：如果你面对的是一名"A 级"投手，那么根据该投手卡牌上的数据，你会被三振出局；而一名"C 级"的投手则会让你打出一记右外野安打。这些还只是这个复杂游戏的皮毛而已。

这些游戏说明就像是你情愿花钱请会计来破译的税务报表说明一样。现在我回过头来读这些说明，不得不放慢速度来仔细研究每个句子究竟在讲什么，但是我 10 岁的时候却能驾轻就熟地理解、运用其中的奥秘，我玩了数百局 APBA 游戏，根本不需要参考那些繁文缛节。

APBA 游戏的发明者们设计出如此复杂的游戏系统是可以理解的：他们在挑战骰子和卡牌类型游戏的极限，以适应棒球运动复杂的计分方式。当然，这种错综复杂的数学模式并不仅限于模拟棒球游戏。那些广受欢迎的体育运动项目都衍生出了类似的游戏：模拟投篮游戏中，你可以叫停区域防守，也可以在比赛结束前最后一分钟投出一个三分绝杀；虚拟拳击比赛游戏中，你可以用一场没有"倚绳战术"的对决来重现拳王阿里和福尔曼的丛林之战；英国球迷爱玩的两款电子游戏《足球老板》（*Soccerboss*）和《温布利》（*Wembley*）能让你管理职业球队，"买卖"球员、维持虚拟足球联盟的财务运营；而一系列掷骰子形式的模拟军事游戏则精确还原了历史上的经典战役和世界大战。

## 不断调动认知快感，
## 《龙与地下城》风靡全球的秘密

这类游戏中最著名的当数《龙与地下城》（*Dungeons & Dragons*），[1]游戏玩家和诸多衍生作品共同为其打造出许多无与伦比的奇幻故事，而所有这些都是通过抛掷一枚二十面的骰子并查阅令人眼花缭乱的图表来实现的，这些图表代表了数量庞大的模式变换。这款游戏的三本玩家手册共计 500 多页，其中有数百个对照表供玩家参考。相比之下，APBA的对照表简单得就像麦片包装盒背面的成分说明。以下是《龙与地下城》玩家手册中，就如何创造角色所举的例子：

蒙特想要创造一个新的角色。他掷了 4 个六面骰子，得到了5、4、4、1 这四个数字。他需要忽略最小的数字，将余下 3 个数字相加所得的结果记录在纸上，也就是 13。他将这一过程又重复了 5 次，总共得到了 6 个结果：13、10、15、12、8、14。蒙特想要一个强壮、坚韧的矮人战士角色。现在他需要把他掷骰子得出的点数作为角色的能力进行分配。他把最高分给了"力量"：15分。他的角色能获得 2 点额外的力量加成，使得这个角色的战斗力出众。他把第二高分给了"体格"：14 分。矮人族可以获得 2 点额外的体格能力加成（请参见第×× 页表×：种族能力调整），因此该角色"体格"点数为 16。最后，蒙特还有两个能获得额外加成的点数（13 和 12），以及一个普通数（10）。"灵敏度"的点数为 13（可获 1 点额外的加成）。

这还只是设定了角色的基本能力。一旦你将矮人战士"派进战场"，那么决定他行为模式所需的表格运算（比如在特定的队伍中，与特定的同伴在特定的情况下，使用特定武器攻击特定生物所产生的攻击力）若是放在数学测验中，足以让很多孩子痛哭流涕。

这就引出了一个终极问题：为什么一个 10 岁的孩子会觉得这种游戏"有趣"？对我来说有些尴尬的是，最终我也对这种模拟棒球游戏失去了兴趣，但原因可能和你想象的不一样。不是因为晦涩难懂的语言让我疲惫不堪，也不是因为我厌倦了在图表栏目中频繁切换，更不是因为我觉得在 7 月的某个星期六下午独自一人在房间里待上 6 小时实在是太久了。

事实是，我觉得 APBA 游戏还不够"真实"。

随着我玩 APBA 游戏的时间越来越长，我想抱怨的点变得越来越多。玩了几百局模拟游戏后，我发现了这款游戏的盲点和怪异之处。APBA 游戏忽略了球员是左利手还是右利手的重要性，而这在棒球策略中至关重要。球员的防守才能在很大程度上被忽视了。不同类型的投球方式也全被忽略了，比如滑行球、曲线球或者下坠球。这款游戏还忽略了比赛所在场地的影响：你无法模拟出芬威公园球场脆弱的左外野围栏，右利手击球者显然容易被其吸引；也无法模拟出旧金山烛台棒球场常刮的旋风。虽然 APBA 游戏囊括了诸多历史悠久的球队，但是当来自不同时代的球队比赛时，没有办法将比赛的历史变化考虑进去。

因此，在接下来的三年里，我开始了一段漫长的旅程，玩遍了所有流行的骰子与棒球相关的模拟游戏，不停地从《体育新闻》《史密斯年度棒球指南》等报刊背面的小广告中订购棒球游戏。我玩过了最流行的《大数据棒球》（*Strat-O-Matic Baseball*）；试过了阿瓦隆山公司（Avalon Hill）出品的《数据化职业棒球》（*Static Pro Baseball*），阿瓦隆山公司后来还出品了风靡一时的《强权外交》（*Diplomacy*）；我还简单玩过一款棒球版的《时光之旅》（*Time Travel*），这款游戏中玩家能将历史上有名的球员召集起来组建"梦之队"。我甚至花了几个月时间玩一款叫作《加时赛》（*Extra Innings*）的游戏，这款游戏完全不需要卡牌和棋盘，甚至连包装盒都没有，只有一个特别大的信封，里面塞满了一页又一页的数据资料。整个游戏只需要你掷骰子，有时也不得不查阅五六页的内容以接着玩下去。

最终，我开始设计自己的模拟游戏——一切从头开始构建。我用了《龙与地下城》的二十面骰子，因为用二十面比用六面骰子要容易得多。我在淡黄色的拍纸簿 ① 上潦草地写下我的游戏图表，并把上一个赛季的统计数据制作成游戏卡牌。或许对于有些人来说，提起年少时的棒球比赛，他们就会想起皮手套和球场新鲜的青草香；而对我来说，我想到的是二十面骰子能让统计数据更加理想。

我必须承认，这个故事让我有种沾沾自喜的感觉。长大之后，我还常常告诉朋友自己五年级时就在卧室里独自设计复杂的模拟游戏，虽说表面上我会自嘲说当年的自己是多么老土，在别的孩子都在外面玩夺旗游戏，甚至有可能在打真的棒球的时候，我却窝在家里独自摆弄二十面骰子。但我的故事意在说明：我也算是个统计天才，用拍纸簿和概率图表就能构建出自己的模拟世界。

但现在我不再认为自己的经历有多么不同寻常了。我猜想，成千上万我这一代的人都有过类似的故事：即使不是在玩体育模拟游戏，也有可能在玩《龙与地下城》，或者《强权外交》这样的策略型游戏，后者是一款基于真实历史改编的棋类游戏。更重要的是，从我第一次探索印在复印纸上的 APBA 游戏开始，25 年过去了，我意识到这种曾被我视为特立独行的爱好，实际上已经成了大众主流的追求。

---

① 拍纸簿是一种笔记本，它一边的纸被胶水粘着，使用时便于一页一页撕下。——编者注

# 看似无用的大众娱乐，
# 恰恰是对思维的超强训练

《极速传染》这本书想要讲述的是，我当年在卧室地板上的思考是如何变成了大众娱乐的日常方式的。这个故事与系统分析、概率理论、模式识别，以及老生常谈的"耐心"相关，这些工具对于试图理解现代大众文化的人来说不可或缺。我知道这很让人吃惊。事实上，我对复杂模拟建模的痴迷，放在数字时代的大多数娱乐消费者身上，不过是日常行为。这种教育形式不需要在教室或者博物馆里进行，而只要在客厅或地下室、在电脑或电视机上就可以进行了。这就是"睡眠者曲线"：被人们认为"看似无用"的大众娱乐形式，例如电子游戏、剧情激烈的电视剧以及青春情景喜剧，最终都被证明是富有营养价值的。几十年来，我们一直认为大众文化日渐"堕落"，朝着最低的标准衰退，因为"大众"想要的是简单的乐趣，而主流媒体公司想要迎合大众的口味。但事实却恰恰相反：**大众文化对智力的要求越来越高，而不是越来越低。**

一直以来，人们对于大众文化的评价大都包含某些象征性的分析，通过解读作品来揭示作品如何体现社会的某些方面。你可以在学术文化研究项目中看到许多这样的象征性手法，用以分析如何借用大众文化来表达各种被剥夺权利的群体进行的抗争。报纸和新闻周刊的媒体新闻版块中的"时代精神"评论里，常常会出现这种象征性分析，评论家将作品和某种时代精神用象征性的关系联系起来，比如雅皮士的自我放逐，或"9·11"事件之后的大众焦虑。

《极速传染》这本书所采用的方法，更多的是系统性的分析而不是象征性的分析，更多的是关于因果关系而不是隐喻。从某种意义上说，它更像物理学而不是诗歌。我对睡眠者曲线存在与否的论证，来自一个假设，即大众文化之中存在不同竞争力量的碰撞：大脑神经的喜好、文化产业经济学、不断变化的技术平台。这些力量相互碰撞的具体方式，最终决定着我们消费的大众文化类型。所以评论家要做的，是描述这些力量，而不是解析它们。

我发现把文化想象成一种人造的天气系统，更有助于我们理解。[2] 让大量温暖潮湿的空气漂浮在冰冷的海水上，就会创造出大雾弥漫的环境。雾的出现并不是因为它象征性地再现了暖空气和冷水的碰撞，而是因为，雾是特定系统及其内部动力作用下产生的突出效果。大众文化也是如此：一些特定的环境需要复杂认知，另一些则不需要。像电影或者电子游戏这样的文化现象，并不是大众文化系统的隐喻，而更像是输出或结果。

在这些系统中起作用的力量是这样在各个层面推动系统运转的：潜在的技术变革会促进新型娱乐形式的诞生；新的在线交流形式培养了观众对于大众文化作品的评论风潮；文化产业的经济变化催生了反复观看的习惯；人类大脑中寻求奖赏和智力挑战的深层欲望。要理解这些力量，我们需要借助那些通常彼此之间没有关联的学科：经济学、叙事理论、社交网络分析、神经学。

我所讲的是趋势而非绝对的结论。我不觉得今天的大众文化大部分是由杰作组成的，而这些作品也不会像乔伊斯、乔叟的作品那样，变成在大学里广泛研究的课程。我接下来要提到的电视节目、电子游戏、电影在很大程度上都谈不上伟大的艺术作品，但它们确实比之前的电视节目和游戏更加复杂与精致。尽管睡眠者曲线反映了大众文化的整体发展趋势，而不仅仅是单个作品的深度，但为了清晰起见，我还是分析了几个具有代表性的例子。

我相信睡眠者曲线是改善当今年轻人心智发展最重要的新兴力量，而且我相信它在很大程度上是一种有益的力量：**它能增强我们的认知力，而不会使我们变得愚钝。**然而，你几乎从未在当今流行的媒体上听到过这种说法；相反，你听到的都是些有关上瘾、盲目逃避现实等可怕的说法。[3]电视传奇人物史蒂夫·艾伦（Steve Allen）在《华尔街日报》的一篇专栏文章中写道："所有的政治派别和有思想的观察家们，都会为如今所谓的电视娱乐而感到震惊。"[4]这些振聋发聩的警告显然不仅仅是墨守成规者的有意夸大……近年来，电视上的低俗和垃圾信息越过了传统上被称为"过分"的界限。颇具影响力的美国电视家长协会（Parents Television Council）认为：娱乐行业对内容限制毫无顾忌，[5]电视和电影中充斥着性、暴力和亵渎，这些低俗内容向美国的年轻人传递着强烈的负面信息，这些信息将使他们变得麻木，甚至丧失道德感。在各类专栏上发文众多的作家苏珊娜·菲尔兹（Suzanne Fields）也认为："情景喜剧现在已成为我们文化的象征。[6]无论现在的父母教育程度如何，他们都已经放弃了最基本的羞耻心。可以说，他们的孩子除了这些负面内容之外一无所知。大众文化的点点滴滴让我们的感官变得迟钝。"这类说法不胜枚举，几乎可以用一本百科全书来收录过去 10 年里发表过的同类文章。

也有观点反对这类可怕的评价，但大都倾向于用各种规律来佐证这类评价。你偶尔会看到有人不情不愿地给出一线无关痛痒的希望，比如一篇文章极力鼓吹电子游戏能增强视觉记忆技能，再比如一位评论家将《白宫风云》（*The West Wing*）视为黄金时段成堆的电视视觉垃圾之中罕见的有思想之作。但衰退和萎缩仍是主流的观点：美国已被一群爱看真人秀无法自拔的人和玩任天堂游戏停不下来的狂热者所充斥。然而，被人们忽略的趋势是：**在过去的几十年里，大众文化正变得越来越复杂，并以一种强大的新方式锻炼着我们的思维。**

若想要看到这种"洗脑"的正面影响，就要先废除旧道德专制的教化。当大多数专栏作家和脱口秀主持人讨论媒体的社会价值，或今天的媒体对我们来说是好是坏时，他们的基本假设是：当娱乐节目传递健康的信息时，它就会让我们变好。提倡吸烟或无端暴力的节目对我们有害，而那些猛烈抨击少女怀孕和激进主义的言论则在社会生活中发挥积极作用。以这样的道德标准来评判的话，过去 50 年（尽管不是 500 年）里，大众文化稳步衰退：道德观念逐步沦丧并变得模糊，反英雄式的人物成倍增长。

对于这些观念，通常的驳论是，媒体在道德观念上的模糊，反而愈加符合现实。真实世界中的道德观并不来自精心包装的公共服务公告；用娱乐节目来反映这种堕落的状态及其道德模糊的一面，反而是个更好的选择。我碰巧赞同这一观点，但这不是我要在本书里讨论的。我认为还有另一种方法可以评估大众文化的社会价值，那就是把媒体看作一种认知锻炼，而不是一系列人生课程。那些我曾全身心热爱的骰子棒球游戏并没有包含任何道德教化的内容，但它们却让我得到了一套"认知工具"，即使过去了 30 年，我也仍然依赖这些工具。正如美国电视家长协会所认为的那样，今天的媒体圈可能确实存在更多的"负面信息"，但这并不是评价我们的电视节目或电子游戏是否会产生积极影响的唯一途径。你在体验某一文化形式时所进行的思考，可能是更重要的方面。这就是睡眠者曲线显现的地方。今天的大众文化也许并没有给我们指明正道，但它使我们变得更聪明。

# EVERYTHING BAD IS GOOD FOR YOU

第一部分

## 调动用户四大思维，
## 打造人人着迷的产品

任何时期诞生的新媒体，无论好坏，都会被那些掌握了旧媒体模式的人称为伪媒体，但传媒专业的学生很快就会对学习新媒体充满渴望。

——马歇尔·麦克卢汉

# 01

---

**游戏化思维：**

令人欲罢不能的电子游戏，
应给予玩家复杂问题的解决力

---

"孩子最好多读书，少在电子游戏上浪费时间。"这种说法再老生常谈不过了。本杰明·斯波克（Benjamin Spock）在《斯波克育儿经》（*Dr. Spock*）这本号称"全球父母必备的跨世纪育儿经典书"中提到，电子游戏的"最佳之处是能锻炼儿童的眼手协调能力；最糟之处则是会鼓励甚至助长儿童面对冲突时，采取攻击和暴力的行为。不过可以肯定的是，电子游戏都特别浪费时间"。[1]但一谈起读书，斯波克博士的态度就很不一样了："建议大家从孩子小时候就培养其热爱读书看报的习惯……一定要让孩子从小就做一个小读者！"

美国艺术基金会在2004年年中公布的研究结果显示，全美各年龄段以读书为乐的人都在逐渐减少。作家安德鲁·所罗门（Andrew Solomon）分析这种趋势后称："享受读书的人一定比不读书的人更爱参观博物馆、听音乐会，同时也更热衷于公益慈善活动，更可能喜欢参与体育赛事。换句话说，爱读书的人往往更有活力；相反，那些超过人口半数的不爱读书的人，更宅、更无趣。对一些人来说，人生是不断累积新体验和知识的过程；而对另一些人来说，成长则意味着心灵世界的枯竭。这种社会分歧非常明显，而后者人数的不断增多也令人感到惶恐。"[2]

由于"读书有益"的观念实在是太深入人心，以致我们实在很难再接受其他观点。但根据传播学家马歇尔·麦克卢汉的著名观察结论，人们总会戴着有色眼镜来评判新的文化思潮，并且会因此变得更加吹毛求疵。古往今来，由于玩游戏很大程度上与"读书有益"的传统观念相悖，因此屡受这种偏见所害。想要摆脱这种偏见，不妨先这样假设：有一个和我们的世界别无二致的平行世界，两者唯一的差别是，平行世界中电子游戏比书本出现得更早，也更早流行起米。在这个平行世界中，孩子们千百年来都在玩游戏，突然有一天，纸本装订的文字读物诞生了，并且风靡一时。那么，那个世界的老师、家长或者文化机构又会如何评价这种读书热呢？我猜他们大概会这么说：

> 读书会在不知不觉间让感官变得迟钝麻木。在传统的游戏文化里，儿童能够在生动立体、充满三维图像和音效的世界里，用复杂的肢体运动来操作；而书本只有纸页上一串又一串生涩无味的文字。读书只能让大脑的一小部分运转起来去处理文字信息，但游戏却能让大脑皮质的感官和运动神经彻底活跃起来。

> 书本文化也很孤僻另类。长久以来，游戏都在培养儿童与伙伴建立复杂社会关系及探索世界的能力，但书本却将儿童囚禁在寂静压抑的环境里，让他们与其他儿童隔绝开来。提倡读书行为的"图书馆"也在近年来不断涌现，馆内场面可谓骇人：曾经活蹦乱跳的儿童，如今独自坐在小隔间里闷声阅读，对身边的伙伴不理不睬。

> 很多孩子都爱看书，这可以理解，毕竟读书能给想象力插上

翅膀，让孩子们享受远离现实的乐趣。但对于普罗大众来说，阅读绝对是一项"歧视性"活动。近年来兴起的阅读风潮，对于美国近千万的阅读困难症患者来说，是最无情的嘲弄，因为阅读障碍在印刷术兴起之前，根本就不能算作一种病。

归根结底，书籍的最大危害还是在于其有着完全线性的结构。读者无法任意对情节做出诠释，只能如提线木偶般任故事情节左右。这个特点让从小接受互动情境教育的我们大跌眼镜。无法相信谁会愿意开启一段完全由人摆布、任其安排的冒险，但如今新一代的年轻人每天都乐意开启成千上万次这样的旅程。儿童被隐秘而有目的地注入消极思想，使他们自觉无力改变境遇。阅读不是一个积极的、有参与感的过程，相反，是一种被动行为。久而久之，年轻人将不再积极进取、引领潮流，反而会变得裹足不前、屈从安排。

虽然无须多言，但我还是要多句嘴：我并不同意这种观点。上述假设中的说法虽然并非全无道理，但这种观点所依赖的论据其实都被选择性地放大了：过分强调了图书的个别缺点，然后根据这些缺点预测其所能导致的最坏状况，并推导出"年轻一代"可能会因此受到的影响。然而这种观点却并没有明确指出读书的好处：书本提供的错综复杂的论证与叙事方式；阅读促进的想象空间的延伸；共享读书心得的乐趣。

与之类似的情况在现实中其实很常见，大众为沉迷电子游戏而受到毒害的年轻一代扼腕叹息。游戏不是小说，所以游戏中寥寥无几的文学特质显然不足以引人入胜。如果用评判小说的标准来评判游戏，比如人物角色是否真实、对话言语是否复杂，那么很显然，游戏在这些方面都存在先天不足。游戏在叙事上的水准就好比迈克尔·乔丹在棒球运动上的水准。游戏能说好故事，乔丹也可以靠棒球为生，但这两者的天赋都不在此。

在我们讨论天赋之前，请让我先简单谈谈阅读的优点。郑重声明，我认为阅读这一行为是高尚的，当然不仅仅是因为我以写书谋生。我们都应该鼓励孩子多读书，与书为伴，以书为乐。但如今即使是铁杆书迷也免不了要花时间接触其他文化媒介，例如游戏、电视、电影或者网络。而这些文化形式也通过自身的方式，提供着智识与认知上的好处，这些好处和阅读所带来的益处比起来，其实是各有千秋的。

阅读究竟能带来什么好处呢？答案大体分为两类：一类是书本包含的信息内容本身；一类是读书时处理和存储信息的过程。你可以把这两种好处分别理解为信息获取和脑部锻炼。鼓励孩子以读书为乐，其实就是在鼓励他们多多用脑。用作家安德鲁·所罗门的话来说，就是"读书不仅需要用脑思考，还需要集中精神，全神贯注。而读书的回报则是刺激大脑，让思维迸出火花"。斯波克博士说："比起其他娱乐活动，读书更需要我们亲历其中。我们需要亲自阅读，去浏览字句，揣摩意味，理解情节。"阅读最能激发脑力之处莫过于它能刺激想象，阅读能让你情不自禁地在脑海中编织出一个全新的世界，而不是仅仅被动接受一连串设计好的图像画面。最后一个好处有点循环论证的意味（尽管毫无疑问是对的），那就是成为一个书迷对个人来说很有益处，因为我们的整个教育体系和求职市场都对阅读能力青睐有加。

总而言之，阅读在认知方面的益处包括：投入精力、全神贯注、理解内容、体会情节，以及透过纸质文本来构建精密的思维世界。事实上，因为现代社会非常重视这些能力，所以阅读的益处也被随之放大了。

我之所以以书本形式，而不是用电视剧或者电子游戏的形式来向你传达这些"读书有益"的论点，是因为我想声明，纸质文本在传达复杂信息方面的确无可匹敌——尽管电子文本现在已经在经济效益方面更有优势而成为纸质文本强有力的对手。以下论点则是从脑力锻炼而非内容的角度来展开的。我想通过以下两点来说服你：

- 我们评价阅读带来的认知好处的所有标准，包括投入精力、全神贯注、理解内容、体会情节等，在过去 30 年中受到了来自书本以外的大众文化的极大挑战。
- 书本以外的大众文化正日益提升着人们的其他脑力技能，这些技能虽有别于阅读培养的技能，但也同样重要。

如果我们先不理会斯波克博士的警告，那么就会发现这两种趋势在电子游戏世界其实都有所体现。你可能已经在主流报纸杂志里读到过许多游戏文化的相关文章，这类文章大致可以总结成一句话：玩游戏不见得是一件浪费时间的事。这些文章总会指向一些新近的研究结果，主要集中于分析玩游戏会带来的一些小影响，通常来说这些影响主要发生在动手能力和视觉记忆等方面，[3]以此说明资深玩家在这些方面比不玩游戏的人更胜一筹。其他为电子游戏"洗白"的文章则大都集中在其带来的经济效益上，大多会提到如今游戏产业比电影行业更赚钱这一点。

电子游戏确实可以提高我们的空间智识和动手能力，对于这点我毫不怀疑，但游戏的益处绝不止于手眼协调。当从文章中读到这些空泛的好处时，我越发感觉这就好比仅将阅读一部经典巨著的好处等同于提高拼写能力一样；这些益处虽然没错，却根本不足以涵盖阅读名著所能带来的意蕴丰富的体验。迄今为止，人们对电子游戏的讨论也存在着类似的盲区。在你能接触到的有关游戏文化的各种讨论中，玩游戏的真正体验其实都被莫名曲解了。我们最常听说的游戏内容莫过于屠城扫荡、驱车杀人或者少年奇幻，但却鲜少听人说他们沉浸于这种虚拟世界时的真实感受。我担心沉迷游戏的人和只接收二手游戏信息的人之间在体验上存在着很大差别，也许正是这种差别让我们无法用一贯的标准来讨论游戏的意义。我想起社会评论家简·雅各布斯（Jane Jacobs）在20世纪60年代关于振兴城市社区建设的评论："只有真正了解城市生活百态的人才能说得清它的样子，而不了解的人多多少少都会对其持有一些偏见，这就如同古典画里那些只根据旅行者的描述画出的犀牛一样，它们都不够真实。"

所以"犀牛"究竟长什么样？[4]就如今的电子游戏体验来说，你或许从未在主流报道中听到过，但其最值得一提的莫过于游戏闯关总是难得出乎意料，甚至会令人几近崩溃。

## 精妙地设置一系列必须完成的任务

玩电子游戏的"不能说的秘密"是：你要度过很多无趣的时光。你会感到挫败、感到迷茫，也会卡在某处进退两难。但当放下手中的游戏回到现实世界时，你就会意识到自己将如何提心吊胆，仿佛日日担忧自己某颗松动的牙齿一般，殚精竭虑地同游戏中的困难搏斗下去。如果这就是所谓无忧无虑的逃避主义，那简直是自讨苦吃，荒唐至极。世上有谁会为了逃避现实，逃到一个九成时间都让自己恼怒万分的世界里？

让我们看看建筑工特洛伊·施托勒（Troy Stolle）的故事。[5] 根据技术评论家朱利安·迪贝尔（Julian Dibbell）的描述，此人来自印第安纳波利斯。每当木匠施托勒放下打造模具的工作，就会沉浸在一个叫作《网络创世纪》（*Ultima Online*）的虚拟世界里，这个奇幻主题游戏能让玩家创建人物角色，并与成千上万由其他玩家操控的虚拟替身交流，共同畅游、探索网络游戏世界。可以想象一下你与成千上万来自世界各个角落的陌生人一起玩《龙与地下城》的场景。《网络创世纪》和类似作品，如《无尽的任务》（*Ever Quest*）一样，都能让玩家在游戏中享受逼真的消费体验。只需在 eBay 上花几百美元，你就能在游戏中买把魔法剑或是买块地，当然这些都是虚拟的。但如果想在游戏中以传统的手段赢得这些东西，那么你就必须花更多的时间和精力，甚至可以说相当费时。迪贝尔描述了施托勒为维护虚拟人物尼尔斯·汉森所花费的心血，汉森刚刚在《网络创世纪》的虚拟世界里买了一栋新房子：

> 施托勒必须攒够钱才能买房子。若想攒够钱，他就必须卖掉旧房子。建造原先那所房子的钱，是他花费数小时打造虚拟宝剑、铠甲并卖给一个"专职"收购者所赚得的，而这个"专职"收购者同时也为其他 30 多位玩家服务。想要长久吸引这位老主顾的兴趣，他就得让尼尔斯·汉森的锻造手艺不断升级，以达到大师水准。为了达到那样的水准，施托勒用了整整 6 个月时间专注于铸造工艺，其他什么也不做：他点击山坡开凿矿井，然后去熔炉将矿石变成钢锭，之后再次点击山坡重复这个流程，每重复一次，代表尼尔森手艺级别的技能槽就会上升些许，就这样他一点一点地接近百分之百的目标和锻造大师的显赫头衔。
>
> 我们暂且后退一步，回顾一下这个流程：日复一日、月复一月，一个男人整个白天都与锤头铁钉为伍，重复着枯燥乏味、让人筋疲力尽的工作；晚上他又整夜在虚拟世界中与"铁锤""砧板"为伍，还是重复着枯燥乏味、让人手指麻木的工作，并且每月还要多付 9.95 美元来获得游戏福利。如果你问施托勒为什么要这样做，那么他的答案也一定很肯定："如果你喜欢，那就不累。"可这样说来，人们又不禁要问：为什么会有人喜欢这种游戏？

为什么？曾花上几小时试图完成一个游戏任务的人肯定都明白这种感觉：你面对着一系列必须完成的任务，只有完成之后才能在虚拟世界中继续前进，这些任务本身更像是零活，不怎么有趣，虽然你不是很想去做，但这些任务都是你必须完成的，比如修建道路并铺设管线，比如退回一系列管道的起点来看看自己之前落下了什么，比如不停地与其他角色重复着你已烂熟于心的对话。而绝大多数每天沉迷于完成这些任务的人，都是那些在生活中极度反感做零活的人。如果现实中你都会忍不住将小孩关在房间里做作业，或者吓唬他们说要对他们禁足，那么为什么你还会愿意在《网络创世纪》上花 6 个月的时间打铁呢？在现实中，你肯定听过各种各样的说法，如认为游戏只能带来劣质且短暂的满足感，和粗俗音乐、视频或垃圾食品简直难分伯仲。但和大部分流行的娱乐形式相比，游戏反而是最延迟享乐的一种活动，有时甚至延迟到让你一度怀疑乐趣是否真的存在其中。

衡量现代电子游戏所带来的认知挑战，最明显的指标便是犹如家庭手工业规模的游戏指南发行产业，也就是"攻略"，这些攻略会为你提供详细的介绍，一步一步教你打赢这个让你备受折磨的游戏。我 20 多岁的时候，在各种各样的备忘清单、地图、攻略和语音指导服务上花了近 1 000 美元，来帮我破解一款怎么也无法通关的电子游戏。

我对于每一款游戏的印象都与这些攻略关系密切，比如《神秘岛 2：星空断层》（*Riven: The Sequel to Myst*）就让我联想起了我在语音指导服务上花费的数个小时，我记得那些录音里解释说控制杆必须旋转 270°

才能让蓝色管道与横梁相连，而趣味横生的《班卓熊大冒险》（*Banjo-Kazooie*）则让我想起其中那如童话故事一般丰富多彩的关卡地图，在我的记忆中，这个故事的情节被线性的指示所取代，例如在蘑菇处跳两下，然后在护城河抓住奖章。我也知道，细数我在这些游戏攻略上花了多少钱的行为，听起来就像是在博人同情，但在大多数软件商店里，那些摆满游戏攻略的高大货架清楚地表明，我并不是唯一一个有这种习惯的人。比如备受争议的热门游戏《侠盗飞车》（*Grand Theft Auto*），其通关攻略已经卖出了 160 多万份。

再用其他大众娱乐形式来审视一下这些攻略的意义。与好莱坞电影或《公告牌》杂志排行榜冠军相伴而生的还有大量补充资料：名人简介、歌词表、评论、粉丝网站、专辑上的评论音轨。这些材料可以拓宽你对电影或专辑的理解，但你似乎永远也不会觉得自己的确需要一份。人们绝不会带着剧情指南走进电影院，或是在看电影的时候，打着手电筒查阅指南。但人们在玩游戏时却经常依赖攻略。与游戏攻略最接近的文化形式是令人肃然起敬的"CliffsNotes[①] 文学作品读书指南"系列，该系列可谓阅读名著的必备补品。"CliffsNotes 文学作品读书指南"的存在没有什么令人困惑的：我们既然接受了这样一个事实，即名著是复杂的，那么也要接受另一个事实，即数百万年轻人或多或少都被迫违背自己的意愿去阅读名著，或者至少要假装读过它们。因此，CliffsNotes 有了自

---

① CliffsNotes：美国知名的学习指南网站，由老师与教授亲自撰写，力图为大众提供文献学习指南。——编者注

己繁荣的销售市场。然而，游戏指南却有悖于我们的观念，因为我们不习惯接受游戏文化的复杂性，也因为没有人强迫孩子们去精通这些游戏。

人们对这类游戏攻略的需求是一个相对较新的现象，在传统游戏中，你不需要花 10 页篇幅来解释怎么玩《吃豆人》（*Pac-man*）游戏，但是对于像《无尽的任务》或《网络创世纪》这类宇宙构架不断扩展的游戏来说，200 页的攻略也不足为奇。因为这些宇宙构架如此复杂，让你手足无措，所以你需要游戏指南的帮助：你被困在一个关卡中，所有的出口都被锁住了，哪里都找不到钥匙；或者你在两个小时前找到的所谓控制室密码，现在看起来并不管用；甚至最糟糕的情况是：你在走廊里漫无目的地闲逛，就像电影《闪灵》里经典的跟踪拍摄镜头一样，你根本不知道下一步该做什么。

当然，这种漫无目的的行为是互动性产生的代价。现在你对故事的叙事有了更多的控制权，但是你所掌握的关于叙述者的信息，比如下一步应该和谁交谈，那个神秘的包裹藏在哪里，都是不完整的，所以玩这些游戏最终都是为了填补这些信息空白。当你能搞清楚下一步该做什么时，就会觉得身心愉悦；但当你搞不清楚下一步该做什么时……嗯，那就是你要为获得攻略掏上 15 美元的时候。然后，你会发现自己弓着背坐在电脑屏幕前，电脑桌面上开着攻略，在虚拟世界和关卡地图之间来回转换，试图找到自己的方向。但也许关卡地图并不总是那么有用，或者你发现自己吃饭时还在阅读通关指南，蓦然之间，你会不禁自问：这种游戏到底有什么乐趣？

# 奖赏回路，游戏界面设计的重中之重

为什么还有人愿意玩这些游戏呢？为什么我们要用"玩"这个动作来描述这种折磨呢？我惊讶地发现，我们的大脑是情愿忍受如此巨大的折磨的，目的是让我们在游戏中艰难通关。多年前，我和我当时 7 岁的侄子一起去度假。在一个雨天，我决定教他玩玩《模拟城市 2000》（*SimCity 2000*），这是一款经典的模拟城市游戏，玩家将以罗伯·摩斯（Robert Moses）[①]的身份来构建一座虚拟大都市。大部分时间里都是我在控制游戏，一边让我的光标在小镇里移动，一边指出其中的各处地标。我在指导时多少有些删繁就简——更像是把虚拟世界视为一个火车模型而不是一套复杂的系统，但我的小侄子还是掌握了游戏的内在逻辑。在摆弄了大约一个小时后，我把精力着重放在重振一个破败的制造业园区上。正当我犹豫不决不知该做出何种选择时，侄子突然喊道："我觉得需要降低工业税率。"他说得轻松自然，就如同他可能会说"我觉得需要杀掉坏人"一样简单明白。

对我来说，最有趣的并不是"游戏是否比当今大多数针对儿童的文化体验更复杂"这种问题——对于这个问题，我认为答案是肯定的。真正有趣的问题是：当以游戏的形式来传递信息时，为什么孩子们如此渴望吸收这么多的信息？如果你让我侄子在教室里听城市研究课，他大概

---

① 罗伯·摩斯（1888—1981），美国康涅狄格州人，是 20 世纪纽约及其市郊的建筑大师。1927—1929 年任纽约州的州务卿。——译者注

五秒钟内就会睡着,但不知为何,玩了一个小时的《模拟城市》却让他明白了一个现实问题:高税率会抑制工业区的发展。这是一种有效的学习体验,至于原因,我们会在后面的章节讨论。让我们先从精神层面的欲望开始说起。为什么一个7岁的孩子会通过游戏沉浸在错综复杂的工业经济学中,而在教室里,同样的主题却会让他尖叫着逃走?

对于这个问题,我无法言简意赅地回答。有人可能会觉得是炫丽的图像吸引了儿童,但电子游戏早在《乒乓》(Pong)的年代就已经成功吸引了我们的注意力。而从图像角度讲,《乒乓》与当时的电影、电视比起来相去甚远,更没法和五光十色的现实世界相比。另一些人可能会说是游戏中的暴力和性元素起了作用,但如同电子游戏史上绝大多数热销佳作一样,《模拟城市》这样的游戏里几乎没有暴力和性元素。还有人会说是游戏的互动性引起了儿童的兴趣,因为玩家可以在其中创作自己的故事。但反过来说,如果互动参与的行为能像某种药物一样使人无法自拔,那么为什么像电视这种极其被动的媒体形式却也不会让孩子们反感呢?

电子游戏为什么如此诱人?我相信其中的奥秘在于大多数游戏都共有的一个深层次属性,任何在游戏世界中有过体验的人都会对这个属性非常熟悉,然而奇怪的是,这个属性在圈外人的描述中却从未出现过。若想深入了解这一属性,你需要从神经科学的角度来看待游戏文化。这样做是有逻辑根据的:如果你想弄清某些东西使人着迷的原因,你就需要先弄清楚这些东西本质上是什么,以及面对它们大脑是如何工作的。

同理可知，**若想弄清楚电子游戏为什么如此吸引人，仅仅介绍现象，却不研究大脑运作的本质，显然是不够的。**

在接下来的叙述中，我将不断强调大脑的内部运作机制。文艺评论家们喜欢推测新媒体所带来的认知变化，却很少援引脑科学观点或其他实证研究成果来支持他们的观点。这往往会使他们的观点沦为迷信。如果你想要了解新文化形式对我们世界观所产生的影响，就需要对该文化形式进行详细的描述，并解释这种文化形式在我们对其进行理解的同时，是如何改变我们的思维的。比如，传统的智力测试可以用来衡量这种思维转变；又如，随着现代科技的进步，观测大脑活动也可以衡量出思维的变化；如果实证研究尚未得出有力的成果，你也可以根据我们对大脑如何工作的现有了解来进行有根据的推测。

截至目前，很少有人直接研究游戏如何让孩子们在没有意识到自己在学习的情况下主动进行学习这一问题。但一个强有力的事实是：**游戏之所以很有吸引力，是因为它能够激活我们大脑中天然的奖赏回路。**近年来人们对着迷行为进行了广泛的研究，这些研究所获得的理论中有两个与我们对于游戏的理解关系密切。首先，神经科学家已经对大脑寻求奖励的方式和大脑传递快乐的方式做出了重要的区分，而奖赏系统则依赖神经递质多巴胺与大脑伏隔核中特定受体的相互作用。

多巴胺系统就和会计师一样，能够记录预期的奖励。当所得奖励没有达到预期时，该系统就会以降低多巴胺水平的形式发出警报。如果一天抽一包烟的烟民某天早上突然没烟抽，当华尔街炙手可热的交易员没能如愿得到红利，当夜猫子吃货晚上打开冰箱却发现所有冰激凌都被偷吃了，他们所感受到的失落与渴望便是由多巴胺水平的降低所诱发的。

神经学家贾亚克·潘克塞普（Jaak Panksepp）称多巴胺系统是大脑的"寻找"回路，它促使我们在环境中寻找新的奖励途径。就我们的大脑电路而言，渴望的本能触发了探索的欲望。多巴胺系统实际上是在说："找不到你应得的奖励吗？也许你再努力一点，好运就能降临呢！你已经离奖励不远了。"

这些发现与游戏有何关联？研究者们一直怀疑，之所以像《俄罗斯方块》这样的游戏对我们有催眠作用（长期玩《俄罗斯方块》的人会做与游戏相关的梦，而且非常生动），是因为游戏中的基本形状元素激活了我们视觉系统中识别低级图形的模块，比如识别平行线和垂直线等。虽然这些模块总是在背景中不断翻转，但《俄罗斯方块》中的简化图形使其在我们的意识中成为焦点。我相信，《俄罗斯方块》之于我们的视觉回路，就好比大部分电子游戏之于我们的大脑奖赏回路。

现实生活充满了各种奖赏，这解释了当今社会的一些沉迷的现象。爱情、社会关系、获得财富、购物、巧克力，甚至看到你最爱的球队赢得超级碗等，都会让你有获得奖赏的感觉。但是抛开逛商场和超市购物不谈，你的大部分人生都是在无法明确得知潜在奖赏的情况下度过的。你知道自己很想被提拔，但还要努力很久才能达到这个目标，所以你不得不暂时抛开这个想法。现实生活中的奖赏常常与日常生活紧密关联；当然，吃饭和爱情不在此列，这两者的吸引力也远比电子游戏大得多。

在游戏世界中，奖赏无处不在。游戏中简洁明了的奖赏比比皆是：更多生命值、升级、获得新装备、拿到新咒语……而且游戏中的奖赏更类似于分形几何：每个等级都有自己的奖赏脉络，比如只是学学如何操纵游戏程序，或是通过解谜来挣得金币，甚至是努力尝试打通关卡。**游戏界面设计的重中之重，就是让玩家清楚知道他们可能获得的奖赏。**就如同《俄罗斯方块》将现实世界中迷乱的视觉感受简化为一组最核心的互动图形一样，大多数的游戏都能构建出一个虚拟世界，这个世界里的奖赏比现实生活中的更丰厚、更有诱惑力、更明确。

即使是那些以"开放性"著称的游戏也是如此。《模拟城市》以不强迫玩家遵循预设故事线而广受好评；其中玩家可以自由创建社区，比如小村落、巨大的工业城镇、环绕大都市的卫星城或是便于通行的小街区。但《模拟城市》也有着微妙的奖赏机制，这套机制是让这款游戏如此令人上瘾的重要因素：玩家只有达成指定的人口数、金币数或是人气，才能解锁更多的物品或是活动。在《模拟城市》中，虽然理论上你可以构建任何自己喜欢的环境，但如果你想建个豪华棒球场，那么你的城市规模得先达到 5 万人口。《侠盗飞车》也与之类似，该游戏允许玩家在广大的城市空间中随心所欲地驾驶，在探索空间的同时谱写自己的故事。尽管这款游戏非常开放，但它仍然要求玩家在完成一系列预设任务之后才能进入城市中的某个新区域。那些人们所谓的不拘泥于固定结构的游戏，实际上在每个角落都暗藏奖赏来诱惑玩家。

如果要用一个精准的词来定义这些游戏设计给玩家带来的驱动力，那一定是"探寻"。你当然想要通关游戏，抑或是想看看这款游戏的完整情节。刚刚开始玩游戏的阶段，你可能只是被游戏画面所迷惑。但当你真正沉迷其中后，多数情况下，真正吸引你的是一种最本质的欲望：**渴望看到"接下来会发生什么"**。你想过桥去看看城市的另一边是什么样的，想试试心灵传送功能，或是想在港口建一座水族馆。对于从未感受过此种冲动的人来说，这种潜在动机听起来似乎有点古怪。与那句广为人知的登山名言①相反，你想要建水族馆，不是因为水族馆"在那里"，而是因为它不在那里，或者更确切地说是"暂时还不在那里"。它不在那里，但因为你阅读了游戏攻略或通关指南，或是因为此刻游戏界面中的水族馆选项不停地在你眼前闪动；所以你知道只要自己再努把力，再多花点时间增加人口、关注预算，你终将得到梦寐以求的水族馆。

从某种意义上说，神经科学在这里提出了一个预测，而游戏正好能够证实这个预测。如果你创造出了一套清晰明了的奖励机制，在其中你

---

① 英国登山家乔治·马洛里（1886—1924）在尝试攀登珠穆朗玛峰途中丧生。他曾在被问及为何想要攀登珠穆朗玛峰时回答说："因为山就在那里。"（Because it's there.）——译者注

需要通过探索环境来获得奖赏，那么你会发现人类大脑很容易对这样的机制上瘾，即使其中尽是些虚拟角色和仿造的人行道。这些游戏的诱人之处并不在于其主题；如果玩家真的在意主题的话，就不会有 20 多岁的成年人还在玩像任天堂畅销的《塞尔达传说》（*Zelda*）系列这样可笑的王子救公主游戏。这些游戏真正的诱人之处在于奖励机制，是奖励机制让人类"短得可怜"的注意力得以牢牢锁定在屏幕上。其他娱乐形式都无法提供这样混合了"奖赏"与"探寻"的鸡尾酒：我们不需要"探寻"电影或是电视剧，如果我们非要用"探寻"这个词来形容电影电视，多半也只是用了比喻的修辞手法而已。虽然其他娱乐形式也是有奖励的，比如音乐已经被证明能够触发大脑中的奖赏物质释放，但其中的奖励并不像在电子游戏中那样，被打造得无比夸张诱人。

如果在无意中，游戏的设计仅仅局限于我们大脑的奖励结构，那么我们从这种陶醉中能得到什么积极的价值呢？如果没有任何积极价值，睡眠者曲线就没有意义。

你必须抛开对旧文化形式的期待，去理解新的文化形式。游戏玩家并没有沉浸在道德说教、生活忠告或心理探索中。除了偶尔肾上腺素激增带来的刺激体验外，他们在玩 Xbox 电视游戏机时不带有什么情感体验。这些游戏中的故事情节现在都可以与好莱坞的低俗电影媲美了，虽然与《吃豆人》和《乒乓》相比已经进步许多，但评价门槛仍然很低。几乎毫无例外，电子游戏的实际"内容"都出奇地幼稚或平白无故地血腥；但与暑期强档大片比，电子游戏就连血腥程度也略逊一筹。像《帝国时代》（*Age of Empires*）或《文明》（*Civilization*）这样宏大的社会历史模拟游戏确实在游戏排行榜上高居榜首，毫无疑问，这些游戏提供了一些关于古罗马帝国或公共交通系统设计的有用知识，但其他游戏世界里的角色无外乎都是在飞车射击或营救公主。

不强调内容重要性的游戏文化并不是一种逃避。很多得到人们广泛认同的活动都对身心有益，但大家也并不在意其内容。我们让孩子学习代数，但我们也很清楚，当他们离开校园后，其中 99% 的人将再也不会直接运用代数知识。学习代数不是为了获得一个特定的技能，而是为了培养强健的大脑，以便日后在其他地方派上用场。你去健身房不是因为想学习如何操作健身器械，而是因为使用健身器械能够强身健体。即使在你不使用健身器材时，强身健体带来的益处也能让你感到满足。

游戏也是如此。当你玩游戏时，重要的不是你在想什么，而是你思考的方式。当然，这种区别并不仅限于游戏。约翰·杜威（John Dewey）在他的著作《经验和教育》（*Experience and Education*）中写道："也许在所有的教育误区中，最大的误区是认为一个人正在学什么，就只能学到什么。其实，学习的附带产物，比如培养学习态度、喜恶，也许大多数时候都比在文法、地理、历史课上所学的知识更重要。因为这些态度从根本上决定了未来。"[6]

这正是需要我们尽可能准确描绘"犀牛"的时候了：我们要定义那

些比明确的内容体验更有价值的附带学习产物。让我们从最基本的开始：游戏比书籍、电影或音乐更能迫使你做出"决定"。**或许小说能激发我们的想象力，音乐能唤起强大的情感共鸣，而游戏则会迫使你做出决定、进行选择、权衡轻重缓急。电子游戏的益智之处都源于这一基本优势，因为学习如何思考归根结底就是在学习如何做出正确的决定：你需要衡量证据、分析状况、考虑长远目标，然后做出决定。没有其他大众文化形式能够以这种方式直接参与大脑的决策过程。**用外行的眼光来看，游戏玩家进行的主要活动就是狂点鼠标或是疯狂扫射，这也是为什么很多传统观念认为游戏的好处是锻炼手眼协调。但如果你仔细探寻玩家的内心世界，就会发现实际上他们所进行的主要活动与传统观念所认为的完全不同：他们的主要活动是做出决定，有些是草率决定，有些则是长远策略。

这些决定的产生基于两种智力活动模式，而这两种模式是玩游戏的附带学习产物关键。我称之为"探寻模式"和"嵌套模式"。

## 探寻模式：激发玩家与游戏环境积极互动

大多数电子游戏与国际象棋或《大富翁》这类传统游戏的不同之处在于，电子游戏隐藏了游戏的基本规则。即使你在下国际象棋时只有初级水平，对你来说游戏规则也没有任何含糊不清的地方：你很明白每一枚棋子可能的走法，很明白如何根据规则吃掉对方的棋子。你不会坐在棋盘前面考虑：玩到这一步的规则是什么？你想到的问题是：我需要运用什么样的策略，才能获得好处？

　　另外，就电子游戏而言，在坐下来玩游戏之前，你并不能完全熟悉其中的规则。你能够获得一些简单的指令，它们告诉你如何操纵屏幕中的人或物，以及一些即刻就能完成的任务。但诸如发现终极目标、实现目标等许多规则，只有不断探索游戏世界才能慢慢发现，你不得不边玩边学。有时即使是老玩家也对此束手无策。如果你坐在电脑前问道："我下一步该做什么？"一旁的老玩家就会说："你得自己搞清下一步该做什么。"你必须探寻游戏的深层逻辑，而且与大多数探险一样，你必须反复尝试，屡败屡战，相信直觉，才可能在偶然之间获悉其中奥秘。其他大部分被我们称为"游戏"的活动，例如扑克牌、棒球，其规则和目的若有半点含糊，都将会是致命缺陷。另一方面，在电子游戏中，含糊的规则反而是其核心体验。许多游戏构架都以好莱坞的故事情节为原型，例如："谁谋杀了我兄弟？""谁偷走了钚？"但驱使玩家深入游戏世界的终极谜题，实际上是玩家自己提出来的：这个游戏到底怎么玩？不玩游戏的人可能会觉得，掌握一款游戏很大程度上就是更快速地点击按键，这无疑也解释了"手眼协调训练"的陈词滥调。但对于很多流传甚广的游戏来说，通关的关键在于破译游戏规则，而不是"游戏杆操纵从入门到精通"。

　　探寻模式实际上是一种细致的探索，其精妙之处在于，这种探索往往是人们无意识地进行的。电子游戏显然不同于象棋、篮球之类的传统游戏，电子游戏的游戏环境完全是由电脑构建的。这个环境中有明确的规则：你只有 3 条命；或者在达到 5 万人口之后才能建造码头；再或是你只有找到了 2 楼的钥匙才能打开 3 楼的大门。有的规则你只需阅读攻略就能了解；还有些规则只有玩过游戏之后才能发现。而电脑所做的并不仅仅是提供详尽明确的规则；它实际上构建了一个完整的世界，其中包含了生物、光、经济形态、社会关系、气候气象等众多元素。我将其称为"虚拟世界的物理"，这与游戏规则截然不同，尽管这种物理早已超越了加速度曲线和重力的限制。

当你在探索电脑运行模拟环境的微妙模式和趋向时，你也是在解开这个世界的"物理学奥秘"。有时它们与质量和速度有关：如果你身穿盔甲，就无法跳过峡谷；火箭发射器是唯一一种射程足够远、能让你从堡垒后方展开攻击的武器。有时与医学有关：胸部受伤的失血量比腿部受伤失血量大；你从任何高度跳下都不会死。有时则与群体行为有关：如果你家有点唱机和熔岩灯，邻居们就乐意在聚会上多待一会儿；如果你是初次登陆这个星球，入侵的机器人多半会从右侧发起突然袭击。我的侄子在我演示《模拟城市》时建议我降低工业税率，实际上就是在探索游戏中的物理学原理。我也曾向他解释正式的规则：玩家可以任意改变不同地区的税率。但其中的物理学原理则更为模糊，更需要运用直觉：如果你降低某一特定区域的税率，工业就会有一定的发展，但前提是其他的变量没有阻碍发展，比如水、电、犯罪。

游戏研究者詹姆斯·保罗·吉（James Paul Gee）将探寻模式分为

四个步骤，他称之为"探寻、假设、再探寻、再思考"的循环：[7]

- 玩家必须"探寻"虚拟世界，包括查看当前环境、点击某些内容或参与某项行动。
- 基于探寻和其后的反思，玩家必须做出一个"假设"，即一样事物（比如文本、对象、物件、事件或动作）可能有什么样的作用和意义。
- 玩家会带着这种假设"再探寻"世界，看看会产生什么效果。
- 玩家将所得效果视为来自游戏世界的反馈，玩家将会接受或"再思考"其最初假设。

换句话说，当玩家与这些游戏环境互动时，他是在学习"科学方法"的基本流程。

探寻模式通常采取的形式是找出模拟的极限，找出令幻象世界崩塌的点，然后你就可以认识到这一切只是电脑屏幕后的一串算法而已。最经典的例子是出现在 20 世纪 80 年代早期的流行街机游戏《吃豆人》。这个游戏原本的规则非常简单，用三句话就能概括：吃掉所有的点就能通过一关；前期要避开怪兽，等你够强壮之后，才可以去吃怪兽；吃掉奖品能获得额外加分。但是经验丰富的《吃豆人》老玩家很快就会发现，怪兽在迷宫中的行走路线是有规律的，如果你也遵循特定的行走路线，或者说"行走模式"，那么你不费一兵一卒就可以通关。游戏原本的规则中并没有设置"行走模式"，这些模式是街机游戏有限的计算能力，以及编程时怪兽行走路径的可预测所导致的。为了检测出这些局限，你必须玩上数百次《吃豆人》，尝试不同的策略，才能进行有效的探寻，直到发现这样一个相关事件。

探寻游戏物理的极限，是另一个在游戏文化中经常被忽视的方面。我怀疑大多数硬核游戏迷都会承认，他们沉迷游戏所感受到的乐趣一部分就来源于这种探寻；他们所探寻的是游戏系统中的弱点。一部分原因是这些弱点通常都能加以利用，比如《吃豆人》里的"行走模式"；但另一部分原因在于，探索模拟世界边缘局限性、了解模拟世界的可为与不可为，是件能让人获得莫名满足感的事。有些人在日常生活中就喜欢这种探索：他们热衷于研究引擎盖底下的构造，想要记住 UNIX 指令。而电子游戏强迫所有玩家去猜测"引擎盖底下到底有什么"。尽管对于模拟环境的思考都是在半意识的状态下进行的，但如果你毫不关心模拟环境的基本运行机制，你在游戏中也无法坚持很久。你必须通过探寻来取得进展。

我当年在骰子棒球游戏的世界中探寻时，还没有想过用一个词来形容这种行为，但现在我意识到，我那时是在探寻那些早期游戏的物理学原理。我能够学到每种模拟游戏的明确规则，而真正令人激动的时刻是投掷骰子推算出结果时。只有玩过模拟游戏，你才能感受到其中的真实。通常来说，你得花上十天半个月才能研究出这些游戏之中的缺陷：这款游戏中击球手常常能三振出局；那款游戏中强击手竟然平均每场比赛都能打出两个本垒打。我不断探寻着各个系统中的缺陷，但尽管如此，这种体验还是深深让我沾沾自喜。把游戏的不完美之处暴露出来，就好像解开了一个谜，好像透过卡牌和图表的表象，看到了系统的内在本质。

## 嵌套模式：让玩家一步一步有秩序地着迷

若想理解游戏在认知方面的价值，一个最好的办法就是让忠实的玩家，在玩《塞尔达传说》或《半条命》（*Half-Life*）这类大型虚拟冒险游戏时，描述他们的大脑在想什么。最重要的不是问玩家"游戏世界里发生了什么"，而是问"他们的头脑中发生了什么"：他们正在积极解决什么问题，他们想要达到什么目标。根据我的经验，大多数玩家都更倾向于演示而不是叙述他们的探寻过程；他们的头脑中或许已经对游戏的缺陷或运行模式有了概念，却没有完全意识到自己在做什么。他们运用的策略完全是凭感觉制定的。

但如果玩家所进行的探寻是半意识的，他们会很清楚自己在游戏中想要达到的短期目标是什么。他们能够明确地说出要如何做才能达到既定目标。许多目标在游戏的开始阶段都是模糊的，但到游戏进行到一半时，玩家通常能够制定自己的任务计划表，并根据此分配策略。如果说探寻都是深层次的，也就是探寻虚拟游戏中隐藏的逻辑，那么追踪目标则体现了一种权宜之计，也就是逐个击破路上的障碍，最终完成游戏。

追踪目标看似简单。如果你早在 20 世纪 90 年代早期就不怎么玩游戏了，或者说你对游戏的了解都来自二手的信息，那么你可能会认为游戏中的短期目标听起来应该是这样的：干掉那边的家伙！或者是：避开那些蓝色的怪兽！又或者是：找到那把魔法钥匙！

然而，如果你在中途打断一位正在玩《塞尔达传说》的玩家，问他当下的目标是什么，他的回答可能非常有趣。有趣的原因有二：第一，进程中并存的目标数量较多；第二，在大脑中这些目标必须以嵌套式的层次结构组织起来。为了便于比较，我在下面列出了 1981 年左右《吃豆人》玩家在游戏进行到一半时的心态：

- 移动操纵杆是为了……
- 把所有的点都吃掉；吃掉所有的点是为了……
- 到达下一关；到达下一关是为了……
- 达到 256 级（最后一关），或打破最高分纪录。

如果在这些目标之下添加子目标，那么情况则会变得略微复杂，就像下面这样：

- 你的终极目标是清除所有的点。
- 你当前的目标是走完当前的迷宫。
- 要做到这一点，你必须移动操纵杆走出迷宫，并躲避怪兽。
  a. 你可以通过吃掉大点来消灭棋盘上的怪物。

b. 你也可以吃掉水果从而获得加分。

像国际跳棋这样在现实世界里玩的游戏，也会有类似但简化许多的列表：

- 你的目标是吃掉对手所有的棋子。
- 要做到这一点，你必须在每个回合移动一个棋子，并抓住机会吃掉对方的棋子。

  a. 你也可以通过走到棋盘的另一边来复活己方被吃掉的棋子。

在《塞尔达传说》系列游戏之一《塞尔达传说：风之杖》（*The Wind Waker*）中，玩家的目标列表可就大为不同了：

- 你的终极目标是救妹妹。
- 要做到这一点，你必须先击败魔王加农。
- 要击败魔王，你需要获得传说中的武器。
- 要找到这些武器，你需要拿到汀女神的宝珠。
- 要得到汀女神的宝珠，你需要越过海洋。
- 要越过海洋，你需要找到一艘帆船。
- 要完成以上所有任务，你需要一直活着，且保持活力。
- 要完成上述所有操作，你需要操纵控制器。

这 8 个目标可以分为两组，每一组都立足于当下，但又稍有不同。

最后两项目标（第7项和第8项）在本质上几乎如同人体的新陈代谢，也就是虚拟世界中最基本的自我保护：让你的角色活着，拥有尽可能多的能量，有需要的话，还要保证金币充足。就像许多核心生存行为一样，为达到其中几项目标，玩家需要进行相当多的训练，例如学习导航界面并用控制器来实践——不过一旦掌握了这些技能，你就可以不假思索地进行操纵了。你已经将这些知识内化或自动化了，就如同多年前的你学习跑步、爬山或说话一样。

除了这两个即时需求之外，还有6个主要目标。它们是当下需求的具象体现。它们就像星座一样，指引你的船只穿过未知的水域。如果你无法找到它们，就会漂泊不定。

但这些主要目标往往也不是玩家的核心关注点，因为在玩游戏的过程中，众多小问题阻碍着玩家实现这些主要目标，所以玩家的大部分时间都花在解决小问题上。从这个意义上说，我们列出的8个嵌套目标是对《塞尔达传说》这类游戏中实际问题的简化。如果放大其中一个目标——拿到汀女神的宝珠，那么玩家脑海中闪现的目标列表将会是这样的：

要找到所需物品，你需要从岛上居民那里拿到汀女神的宝珠。

为了得到宝珠，你需要帮助他们解决他们的问题。

要做到这一点，你需要让王子高兴起来。

要让王子高兴起来，你需要从一个女孩那里拿到一封信。

要拿到信，你需要找到村里的那个女孩。

要把信给王子，现在你必须和王子成为朋友。

要做到这一点，你需要登上龙栖山山顶。

要做到这一点，你必须走到峡谷的另一边。

要做到这一点，你必须让峡谷充满水，这样你才能游过去。

要做到这一点，你必须用炸弹炸掉挡住水流的石头。

要做到这一点，你必须种植炸弹花。

要做到这一点，你必须用女孩给你的罐子收集水。

一旦到了峡谷另一边，你就必须穿越熔岩。

要做到这一点，你必须推倒熔岩两侧的雕像。

要做到这一点，你必须把炸弹扔进雕像上的洞里。

要做到这一点，你必须拿出炸弹并瞄准它们。

一旦通过了熔岩，你必须进入洞穴。

要做到这一点，你必须把雕像拉出来。

一旦进入洞穴，你必须进入下一个房间。

要做到这一点，你需要想办法杀死守卫。

要做到这一点，你需要操纵控制器来进行打斗。

要做到这一点，你需要拿到一把用来开锁的钥匙。

要做到这一点，你必须点燃房间里两支还未点燃的火把。

要做到这一点，你必须想办法找到火源。

要做到这一点，你必须找到一根木棍并点燃它。

我就不把实现这一目标的所有项目内容全部罗列了，否则还得再用掉整整一页纸。请记住，这只是玩一个小时游戏所需要的目标列表缩影，而整个游戏的平均通关时间约为 40 个小时。还要记住的是，如果玩家不参照游戏攻略的话，这些目标都必须由玩家自己逐一破解。这些局部目标构成了游戏的基本结构，你需要花费大部分时间来攻克这些小麻烦。对于游戏玩家来说，这些步骤的组合可被称为"谜题"。当到达游戏中的一个节点时，虽然你知道自己需要做点什么，但前进的路上却总有一些障碍，游戏依惯例会向你发出信号，提示你遇到了一个"谜题"：你既不困惑也不迷茫，因为事实上，你所遵循的路径是正确的，只是游戏设计者在这条路径中巧妙地放置了一个谜题。

管理所有这些同时存在的目标的脑力劳动，我称为"嵌套模式"，因为这些目标像伸缩望远镜一样彼此嵌套在一起。我喜欢这个术语，因为在运用这种技巧时，玩家一方面要专注于眼前的问题，另一方面仍然保有长远的眼光。如果你只是简单地处理你偶然遇到的难题，你便无法在游戏中取得长足的进步；你必须把它们与远方的终极目标协调起来。有天赋的玩家则掌握了在头脑中同步处理所有这些不同目标的能力。

嵌套模式和多任务处理模式是不同的。把这些相互关联嵌套的目标储存在脑海里的嵌套模式，与青少年群体中常见的一心多用工作方式（比如一边听音乐一边给朋友发短信，同时还在谷歌上搜索学术论文的研究结果）是很不相同的。多任务处理能力是指处理一系列混乱的、不相关的目标。嵌套模式则是有条不紊的；它需要构建正确的任务层次结构，并按照正确的顺序完成任务。嵌套模式需要对关系进行感知并确定优先级。

如果嵌套模式与顺序性相关的话，那么同样，我认为它在大脑中唤起的感觉不是叙事性的。叙事本身也是有层次的，叙事往往围绕着现在与将来的混合，介于正在发生的事和引人遐想的未来方向之间。但叙事是建立在事件之上，而不是建立在任务之上的。叙事是描述"发生"在你身上的事。在游戏世界中，你必须自主定义并执行任务；如果你的任务定义变得模糊或组织混乱，那么麻烦也就来了。如果你是在读书，那么即使跳过两章的内容，也不大会妨碍你享受阅读的乐趣。但在游戏世界中，你在专注眼前的同时，也需要长期战略。从某种意义上说，和游戏者思维方式最为接近的是程序员编写代码时的思维模式：一系列多层嵌套指令，其中一些负责基础任务，比如如何提取内存中的信息，或者如何将信息放入内存；还有一些则负责高级功能，比如怎样向用户呈现程序中的活动。程序本身就是序列化的，但不是描述性的；玩电子游戏会营造出一系列事件，这些事件最终会构成一个故事，但玩游戏带来的乐趣和挑战与跟着故事走的乐趣是不同的。

"探寻"与"嵌套"的艺术之中，蕴藏着极其"真实"的东西。大多数电子游戏所构建的场景都是非常奇幻的，即使最现实主义的游戏也远不如小说或电影为我们虚构出的故事更生动细致。但我们的生活并不是故事，至少在当下我们并不用被动地跟着叙事线索走，虽然在事实产生后、事件发生后、做出决定后，我们将生活变成了故事。我们确实曾探查新环境，从而了解隐藏的规则和模式；我们也确实构建过伸缩嵌套式的目标模式，这些目标在宏观和微观的时间框架中操纵着我们的生活。当然，传统叙事可以教会我们很多东西，增强我们的沟通能力，锻炼我们洞察人类心理的能力。但如果在以前，你想设计一种能明确训练到大脑认知力的文化形式，你就必须在培养理解叙事力和增强大脑内在探寻、嵌套模式运营能力这两种机制中做出选择；而如今的我们，很幸运地不必再做出这一选择。

不过，我怀疑有些读者可能还是看不上《塞尔达传说》里的目标题材。这种"看不上"的问题在于，用评价文学作品或戏剧作品的审美标准来审视电子游戏。来看看嵌套模式下的这个场景：

要把信给王子，现在你必须和王子成为朋友。

要做到这一点，你需要登上龙栖山山顶。

要做到这一点，你必须走到峡谷的另一边。

要做到这一点，你必须让峡谷充满水，这样你才能游过去。

要做到这一点，你必须用炸弹炸掉挡住水流的石头。

要做到这一点，你必须种植炸弹花。

要做到这一点，你必须用女孩给你的罐子收集水。

如果你怀抱对文学作品的审美期待来阅读这段文字，那么其内容确实太小儿科了：为了上龙栖山，所以引爆炸弹；给炸弹花浇浇水。你的高中语文老师看到这一段话后一定会说：既没有思想深度，也没有道德

冲突, 而且毫无意境。他说得一点儿也不错! 但是把这些电子游戏与
《伊利亚特》《了不起的盖茨比》《哈姆雷特》相比, 前提就是错误的:
错误地认为这些游戏的优点在于其内容、主题或是其代表的人物形象。
我认为电子游戏里的认知挑战肯定比你在学校里经历过的另一种教育要
有用得多:

> 西蒙正在做一个概率实验。他要从一组编号为 1 到 100 的标
> 签中随意抽取一个, 然后将该标签放回到全部标签中。他想要抽
> 到他最喜欢的数字 21, 他抽了 99 次都没有抽中。
>
> 那么在他第 100 次抽签时, 抽中的概率有多大?
>
> A. 1%
>
> B. 99%
>
> C. 100%
>
> D. 50%

如果用语文老师的标准来评价, 这道来自马萨诸塞州高中数学综合评
估的试题, 简直一无是处。西蒙是谁? 我们一无所知; 他对我们来说只是
一个代号, 一个道具。文段中没有华丽的辞藻, 只有沉闷空洞的事实, 描
绘了一项毫无用处的活动。为什么有人想要给 100 个标签编号, 然后还要
试着从中随机抽出自己最喜欢的数字? 西蒙这样做的动机是什么?

这类题目在道德感化或心理探索方面几乎毫无用处; 它们无法让学
生学到更有效的沟通方式, 也不会让他们获得一技之长。但很多人一定

认同，这些题目在某些基本层面上对大脑有益：它们能够帮助提高概率
理解、模式认知、因果关系逻辑等抽象能力，无论在专业领域还是日常
生活中，这些能力都能在很多场合发挥作用。《塞尔达传说》玩家在游
戏中所面对的困境完全可以转化成这种类型的题目，例如，如果我们把
游戏核心体验的场景进行转化，就会是下面这样：

> 你需要穿过峡谷才能到达终点。峡谷的一端有一块大石头立
> 在河床中，阻挡了水流。岩石旁边生长着许多小花。有个人给了
> 你一只瓦罐。那么你要怎么穿过峡谷？
>
> A. 跳过峡谷。
>
> B. 用瓦罐装水，倒进峡谷里，然后游过去。
>
> C. 给植物浇水，用它们长出的炸弹花炸碎岩石放水，然后游
> 过去。
>
> D. 回过头重来一次，看看是否错过了之前场景中出现的重要
> 道具。

同样，这段文字中最无趣的部分就是它的"真实"。也许你可以思
考一下"开花炸弹"所蕴含的戏剧性讽刺意味，或者分析一下瓦罐捐赠
这一重要行为所包含的赠予经济关系。但这类阐释的深度也就到此为止
了，因为这段文字中重要的不是塞尔达世界里的实质内容，而是这个世
界的组织构架关系，这种关系锻炼着玩家解决问题的能力。当然，游戏
的乐趣不拘泥于解决问题；游戏世界中的物件、图像为玩家提供了丰富
的审美体验；很多网络游戏中的社交互动也十分引人入胜；越来越多虚

拟角色的人工智能化更是令人惊艳。但这些说到底都是娱乐活动，你只有在游戏环境中学习其规则，才能取得进步。简单来说，《塞尔达传奇》玩家学到了通过种植植物获得炸弹，但这种体验所带来的附加学习则更有意义：在困难和多变环境中所学到的探寻与嵌套模式运用。这种能力指的不是玩家想要做什么，而是玩家的思考方式。

乍看之下，人们极易将电子游戏的复杂性与随着电子媒体崛起而出现的"信息过载"概念相提并论，但两者之间有着本质性的区别。"信息过载"更像是你常常会听到的那种对现代文化现象的巧妙恭维：我们的生活被各种信息数据占满了，即使我们的大脑有可能已经处在将被数据信息淹没的临界点，但至少我们在数据管理方面是不断进步的。这是一个定量而非定性的看法。能够一边看电视、一边打电话还一边阅读电子邮件是很厉害，但这是一种肤浅的技能，而不是深层次的能力。在这组行为中，你只需要浏览所接收到的表层数据，筛选出其中的相关细节，然后再将注意力转移到下一个信息流即可。多媒体领军人物琳达·斯通为这种信息处理模式打造了一个经典术语："持续性的局部注意力"。虽然集中了注意力，但只是部分注意力。这样就能够广撒网，但也可能因此错失了仔细研究大鱼的机会。

探寻模式和嵌套模式代表了文化中另一种同样重要的趋势：**鼓励参与性思维及分析行为，通过对智力发起挑战来理解不同环境的文化形式，而不仅仅是在游戏中弄懂加速曲线的模式。**我想对于很多没玩过游戏的人来说，游戏似乎更像是 20 年前音乐电视（MTV）开创的快速可视化编辑技术的延伸：每秒图像帧数大幅提升，但内涵和意义却没有与之俱增。不过，MTV 所呈现的视觉效果，并不需要人眼来解读所有一闪而过的图像，或者体会图像之间的新关联。实际上，人眼需要学会忍受混乱，将无序作为审美体验，就像上一代人要用耳朵来学会欣赏扭曲变形的音乐艺术一样。对于不玩游戏的人而言，游戏从表面上来说就和音乐视频一样：迅速闪过的图形，层层累加的图像、音乐和文字；开局时为了渲染气氛而偶然激增的速度。但玩游戏时真正在做的事，也就是大脑的工作方式，却完全不是这么回事。玩游戏不是在容忍或欣赏混乱，而是在游戏世界中寻找秩序和意义，并做出有利于创造秩序的决定。

# 02

## 社交思维：

爆火的电视节目，应能增加观众的
社交智慧

EVERYTHING
BAD IS GOOD
FOR YOU

电子游戏的互动性意味着，比起电视或电影等被动媒体形式，它们更需要玩家做决策，这是不可避免的。但是大众电视节目，以及大众电影也逐渐增加了对于观众认知能力投入的需求（虽然程度稍低），其锻炼心智的方式在 30 年前绝对闻所未闻。对于那些不太关注电视媒介的文化影响力之争的人来说，如果告诉他们电视实际上在改善我们的思维，他们一定觉得这是异端邪说。若是你粗略浏览网络上或是报刊亭的纸版新闻，不消几分钟，就一定能看到对电视上性和暴力泛滥的控诉：从托尼·瑟普拉诺 ① 到珍妮·杰克逊 ②，无一幸免。毫无疑问，这种反驳观点一直存在，并且几乎从电视诞生之日起就一直存在。1961 年，牛顿·米诺 ③ 在他著名的《茫茫荒漠》（*Vast Wasteland*）演讲中，将当时的电视节目内容描述为"永无止境的……血腥、混乱、暴力、残忍、谋杀"，这段描述发生在安迪·格里菲斯（Andy Griffith）、佩里·科莫

---

① 托尼·瑟普拉诺（Tony Soprano）：美国电视连续剧《黑道家族》（*The Sopranos*）中的角色。——译者注

② 珍妮·杰克逊（Janet Jackson）：美国流行乐坛歌手、演员。——译者注

③ 牛顿·米诺（Newton N. Minow）：美国联邦通信委员会前主席。——译者注

（Perry Como）、米尔迪大叔（Uncle Miltie）的时代。但是，在评价任何媒体及其内容的社会价值时不能仅仅局限于其题材。我当年玩的掷骰子模拟棒球游戏从题材上讲也没什么可取之处，但它仍然教会了我如何以强有力的新方式思考。因此，如果我们现在要开始调查追踪电视节目里的脏话和走光桥段，也至少应该在研究图表中加入另一套数据，那就是有关电视情节对于观众认知需求的数据。而这一数据同样正在呈现惊人的上升趋势。

电视可能比电子游戏更被动，但被动性也是有程度之分的。有些故事迫使你努力去理解它们，而另一些故事即使你陷在沙发里开着小差也能看明白。这种认知工作的一部分在于遵循多条线索，在你观看的过程中，你的脑海常常充斥着紧密交织的情节线索。认知工作的另一部分则涉及观众的"主动填充"：[1]挖掘那些被故意保留或刻意隐藏的信息。那些要求观众填充关键元素的故事，其复杂性已经提升到了一个更高的层级。为了能跟上节奏，你不仅要记住情节，还需要分析。这和益智类的电视节目，或者有意锻炼你智力的节目是有区别的。有很多经典的电视剧都被人们视为"高级"娱乐，比如《玛丽·泰勒·摩尔》（*Mary Tyler Moore*）、《墨菲·布朗》（*Murphy Brown*）、《欢乐一家亲》（*Frasier*），这些电视剧蕴含的智慧完全是由荧幕中角色的语言和行为所塑造的。角色的语言考究，避免陷入情景喜剧的陈词滥调，我们坐在电视机前，享受着这些聪慧角色的陪伴。但是，假使我们也和他们一样聪明，完全能够理解他们语言中的所指，那么我们作为观众，欣赏这部电视剧就不需要投入任何脑力劳动了。这其中没有观众的"主动填充"，因为荧幕两端

的智力水平是势均力敌的。这些节目对你的大脑毫无挑战，就像观看
《周一晚间橄榄球赛》（*Monday Night Football*）对你的身体毫无挑战一
样。这些电视剧里的脑力活动发生在戏里，而不是电视机前。

但另一种以电视为媒介呈现的智力正在兴起。请回想一下我们通常
所知的阅读带来的认知益处：注意力、耐力、记忆力、对叙事线索的解
析能力。在过去半个世纪里，电视主宰着大众文化，电视节目不断地提
高对于这些能力的要求。电视这种媒介的本质便是：永远不会提高观众
对文本的领悟技能，也不会像纯文本形式那样激发想象力；但是，与阅
读相关的其他脑力锻炼模式，却能通过电视得到强烈的体现。而且，由
于电视产业经济的变化，以及我们所依赖的观看技术的变化，电视进行
脑力锻炼的效率也越来越高。

这种进步的趋势可能会让那些只看流行电视报道而不看任何电视节
目的人感到惊讶。但或许最令人惊讶的是：那些对观众提出最多要求的
节目，结果往往成了电视史上最赚钱的节目。

## 多线索剧集的脑洞锤炼

先把"市场为什么对复杂性青睐有加"这个问题放在一边，我们来
看看什么是复杂性。复杂性包含三个主要元素：多线索、隐喻暗示、社
交网络。

"多线索"是现代电视节目中最受欢迎的结构构造，[2]这颇具讽刺意味，因为这种构架也是最基础而廉价的。在电视学中，多线索时代始于 1981 年的《山街蓝调》（*Hill Street Blues*），这部由史蒂文·布奇科（Steven Bochco）创作的警匪片因其"细节丰富的现实主义"而广受赞誉。如果你把《山街蓝调》中的一集拿出来，和更早几十年的任何一部流行电视剧放在一起比较，比如《警界双雄》（*Starsky and Hutch*），或者《天网》（*Dragnet*），就能发现其中结构上的变化。更早的那几部剧都是一个或两个主角，遵循一条主要情节线，并在每集结尾产生一个明确的结局。在《天网》中，几乎每一集的叙事线索，都可以勾勒成单独的一条线：一开始是犯罪现场，然后是调查过程，最终成功破案。而一集典型的《警界双雄》剧集所呈现出的线性叙事模式，其变化可谓微乎其微：加入一个通常只出现在剧集末尾的次要戏剧情节，其结构就如同图 2-1 所示。其中纵轴表示线索的数量，横轴表示时间。

《警界双雄》（任意一集）

**图 2-1 《警界双雄》的线性叙事模式**

《警界双雄》还有一些其他的特质：虽然它和《天网》都几乎始终如一地贯彻了单一叙事的结构，但《天网》完全从调查人员的角度来讲述故事，而《警界双雄》则在警察和罪犯的视角之间不断转换。虽然两部剧都严格遵循叙事的"自我抑制"原则，即情节在同一集中开始、结束，但《天网》将这一原则发挥到了极致，在每一集里都用乔·弗雷迪

（Joe Friday）经典的画外音来介绍故事背景和主要人物。

《山街蓝调》的剧集在许多领域都更为深入、复杂。故事将一系列不同的故事线编织在一起，有时甚至多达 10 条，尽管其中大部分的线索段落只是零散地分布于每集中，一闪而过。主要角色的数量（不仅是小角色的数量）显著增加。每一集的边界感也变得模糊：每集一开始都会承接上一集中的一两条线索，结尾也留下一两条开放的线索。从图上看，每一集总体来说是这样的（见图 2-2）：

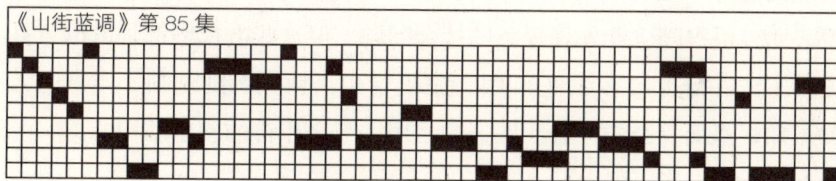

图 2-2 《山街蓝调》的剧集展开模式

评论家们普遍认为《山街蓝调》是电视媒体中"正剧"的起源，它将电视剧与 20 世纪 50 年代的单集电视剧区别开来，后者更类似于直接把百老汇戏剧录制成电视剧。但是《山街蓝调》的创新也并不完全是原创，这种创新在流行电视节目领域早有先例，且一直扮演着重要的角色，只是在此之前还未被应用于晚间档电视剧而已。《山街蓝调》的情节结构，以及之后所有广受好评的剧情片，从《三十而立》（Thirtysomething）到《六尺之下》（Six Feet Under），其实都采用了肥皂剧结构。《山街蓝调》在其长达 7 年的播出中，可能已将电视剧带入了一个新的黄金时代，但它是通过使用一些至关重要的技巧才达到这一高度的，而这些技巧早年就已在《指路明灯》（*Guiding Light*）和《综合医院》（*General Hospital*）中广泛运用了。

布奇科在《山街蓝调》中的天才之处在于将复杂的叙事结构与复杂的题材相结合。前作《家族风云》（*Dallas*）已经表明，黄金时段播放的肥皂剧中线索延伸交织，即使每集间隔一星期之久，也是可以被接受的。尽管可以经受住黄金时段节目长达一周的中断，但《家族风云》的实际内容非常乏味。《全家福》（*All in the Family*）和《洛达》（*Rhoda*）都表明，电视剧也能处理复杂的社会问题，但这些电视剧都是以情景喜剧的方式在舒适的客厅里解决问题的。《山街蓝调》则刻画了丰富的人物形象，直面复杂的社会问题，并运用了与之相符的叙事结构。

自《山街蓝调》问世以来，多线索的剧情片成了主导黄金时段的电视剧题材：《波城杏话》（*St. Elsewhere*）、《三十而立》、《洛城法网》（*L. A. Law*）、《双峰》（*Twin Peaks*）、《纽约重案组》（*NYPD Blue*）、《急诊室的故事》（*ER*）、《白宫风云》（*The West Wing*）、《双面女间谍》（*Alias*）、《黑道家族》、《迷失》（*Lost*）、《绝望的主妇》（*Desperate Housewives*）。在电视剧领域，为数不多明显唱反调的剧集包括《法律与秩序》（*Law & Order*），它基本沿用了《天网》的古老模式，因而固执坚守单一的叙事线索。自 20 世纪 80 年代初以来，这类电视剧的叙事复杂程度明显增加。《黑道家族》可以称得上是迄今为止在此方面最具野心的电视剧，通常在一集之中会贯穿 10 多个不同线索，重复出现的角色有 20 多个。第一季中较为靠后的一集从图 2-3 上看是这样的：

《黑道家族》第 8 集

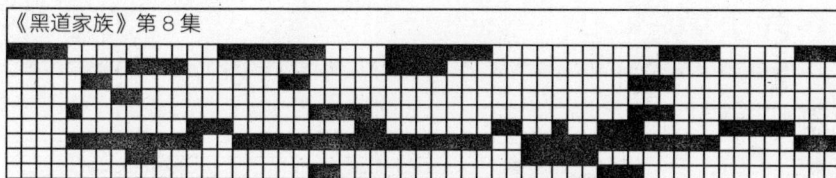

图 2-3 《黑道家族》的剧集展开模式

　　其中活动线索的总量和《山街蓝调》中的情节数量是一样多的，但是这里每条线索的内容更为丰富。[3] 这部剧对主要情节和次要情节没有明确的区分，每一个故事情节都有它的分量。《黑道家族》还展现了一种与《山街蓝调》完全不同的"和弦"叙事模式：其中一个场景通常会同时连接三个不同的线索，将情节层层叠加。《黑道家族》中每一条情节线索都建立在前几集中发生的事件基础上，并贯穿本季，甚至对下一季产生影响。剧中几乎每一个情节都与当前这一集框架之外的信息有关。这部剧受到来自评论家们非同一般的热议，但剧情并没有在结局方面耗费太多精力。

　　把这 4 部剧集的情况放在一起，你就能看到过去 30 年里，流行电视节目的"睡眠者曲线"上升情况（见图 2-4）。

《天网》任意一集

《警界双雄》任意一集

《山街蓝调》第 85 集

《黑道家族》第 8 集

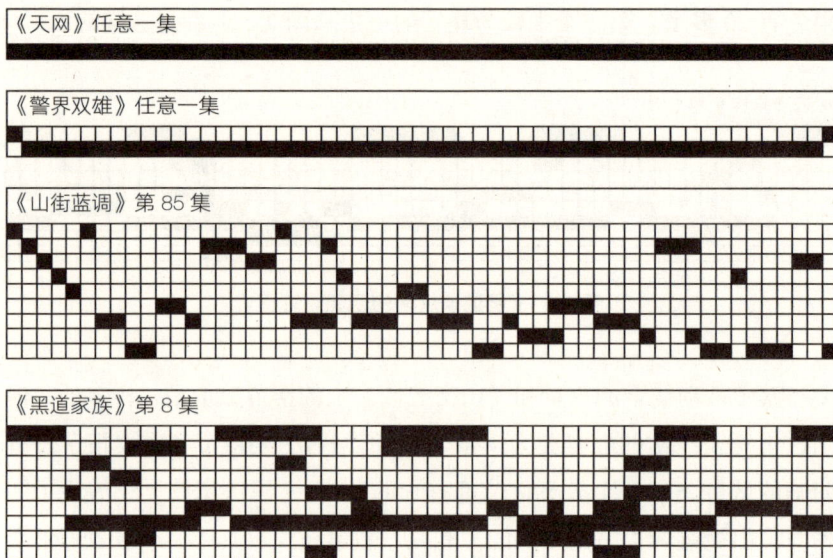

图 2-4　流行电视节目 30 年里的"睡眠者曲线"上升情况

从某种意义上说，这既是大众心理认知变化的一张地图，也是屏幕发展的一张地图，就好像媒体巨头们决定训练我们的大脑去适应越来越多的多线索情节。在《山街蓝调》播出之前，电视公司高管们的传统观念是，在一集电视剧里观众如果看到三个以上的情节会觉得不舒服。诚然，1980 年 5 月《山街蓝调》试映时，观众们就抱怨剧情太过复杂。[4]但如果快进 20 年，《黑道家族》这样的电视剧里引人入胜的复杂情节，让《山街蓝调》看起来就如同《三人行》（Three's Company）一样简单。由于在过去的 20 年里，观众的大脑不断地受到多线索剧集的锤炼，他们也更乐于接受情节复杂的电视剧。

　　将 HBO 的经典剧集《黑道家族》与电视媒介黄金时段的《山街蓝调》进行比较，能否得出"萝卜青菜各有所爱"的答案呢？增加电视剧的复杂性是否只会让这样的节目受众更小而精呢？我并不赞同。原因有几个。首先，纯粹以观众份额来衡量，《黑道家族》曾风靡全国，常常在同一时段内赶超电视网络播放的其他节目。[5] 其次，《山街蓝调》本身就很经典，它是美国全国广播公司（National Broadcasting Company，NBC）在 20 世纪 80 年代早期走向巨大成功所进行的第一步尝试，旨在面向高端人群，而不是普通大众。这部剧在文化圈和评论界都取得了巨大成功，然而其收视率在尼尔森电视收视率排行榜上一直都在 30 名开外，其第一季更是在 97 部电视剧中排行第 83 位。尽管《黑道家族》的叙事复杂性至少是《山街蓝调》的两倍，但一集《黑道家族》的收视观众总数与《山街蓝调》的平均收视人数并没有太大的不同。（《黑道家族》在其他方面甚至更为复杂，这一点我们很快就会讲到。）

　　通过《急诊室的故事》或《24 小时》（24）等成功电视剧，你可以了解到大众对于复杂叙事的接受程度。在多线索方面，这两部电视剧每集都有 10 条左右的线索，数量和《山街蓝调》近似。但《急诊室的故事》和《24 小时》却是真正的热门电视剧，在尼尔森电视收视率排行榜上常常位列前 20 名。在 1981 年，你可以在黄金时段的一小时里，播出有着 3 条主要故事线和 6 条辅助情节线的电视剧，并且吸引足够多的观众，以保证这部电视剧不会被砍掉。而今天：**你可以不断挑战观众，让他们接受更为复杂的剧情，创造出难以超越的经典。**[6]

多线索是现代电视剧备受喜爱的结构特征，对于其受到的诸多赞誉，它也当之无愧。当我们看电视时，我们会凭直觉来衡量每集的叙述线索数量，以此来判断某节目的复杂性。所有这些迹象表明，这一标准在过去20年里一直在稳步上升。但是多线索也只是上升趋势中的一小部分。

## 隐喻暗示，隐藏信息背后的信息

在第一代恐怖片《月光光心慌慌》(*Halloween*)、《13号星期五》(*Friday the 13th*) 上映几年后，派拉蒙影业出品了喜剧恐怖片《学生闹翻天》(*Student Bodies*)，电影风格同15年后的《惊声尖叫》(*Scream*) 系列相似。其中一个场景是，十几岁的年轻保姆在郊外的房子里照顾孩子，听到房子外面有声音，便开门查看，却发现门外什么都没有，于是便回到房子里。当她关上门时，镜头猛地转向门把手，我们能看出她没锁上门。然后镜头向后拉，又猛地转向门把手，以示强调。然后荧幕上出现了一个闪烁的箭头，旁边还有提示文字："门没锁！"

当然，那个闪烁的提示箭头是一种滑稽模仿，它只是夸张地体现了流行的电视节目里的常用手法。它类似于一种叙事信号，便于帮助观众了解剧情的走向。在电影里，当反派角色首次从阴暗的角落里出现时，往往伴随着不祥的无调性背景乐，那就好比是一个闪烁的箭头，告诉你"这是坏人"。在一部科幻电影的剧本中，如果某个科学小白进入高级实验室，并且不停追问科学怪人们正在做什么，什么是粒子加速器，那么这也相当于闪烁箭头，用来让观众得到他们需要知道的信息，以便理解接下来的情节。（比如："无论你做什么，都不要让它沾水，否则就会引起大爆炸。"）风格习惯也相当于闪烁的箭头，《学生闹翻天》里的滑稽模仿之所以奏效，是因为"门没锁"几个字的出现非常荒诞，因为我们已经熟悉了凶杀片的风格习惯了，我们知道"在郊区房子里独处的年轻保姆"无可避免地要遇上不速之客。而盗窃片通常会预先展示一遍即将发生盗窃案的犯罪现场，并配有建筑布局，这样当罪犯真的进入房间时，你就能看明白他到底要干什么。

这些暗示是一种叙事手法。它们向观众表明："我明白你不懂什么是粒子加速器，但你只需要知道，这个花哨的大家伙沾了水就会爆炸。"它们让观众的注意力集中在有效信息上："别担心保姆是否会和她的男朋友分手，要注意的是那个躲在灌木丛里的家伙。"它们减少了观众理解故事所需的分析工作量。你只需要跟着箭头走就可以了。

如果按照这个标准，那么流行电视从来没有像如今这样复杂难懂过。如果说在过去的20年里，叙事线索经历了数量上的爆炸式增长，那么相应地，闪烁箭头的数量也变得越来越少。看看我们20世纪80年代初的巅峰之作《山街蓝调》，你会发现每一个场景提供的信息都有独特的整体性，这与《白宫风云》《黑道家族》《双面女间谍》《急诊室的故事》等剧中看到的大不相同。正如我们所见，《山街蓝调》为你提供了多个故事，但这些故事中的每一个事件都有清晰的脉络，而后来的电视剧则没能做到这一点。

　　这一区别非常微妙，但十分重要，这是一种讲故事的艺术，但我们通常只是无意识地吸收领悟。《山街蓝调》中对未来事件的态度非常模糊：伏法的连环杀人凶手是否会被处以死刑？佛瑞罗和乔伊斯·达文波特会结婚吗？伦科会抓住那个收受贿赂的卫生检察官吗？但在剧中，每一幕当下的情节都非常清晰，没有任何模糊之处。你可能不知道卫生检查员未来的命运，但你知道伦科为什么会在当下场景中打扮成服务生，或者为什么他会在下个场景中偷听厨房里的对话。每个故事背后都有一个悬而未决之谜：结局是什么样的？但荧幕上正在进行的每个活动都是清晰明确、毫无疑问的。

　　另一方面，像《白宫风云》这样的现代电视剧却不断地给当下发生的事件注入谜团：你会看到剧中的人物似乎在进行某项活动，或讨论某件事，而其中的关键信息却被故意隐瞒了。《白宫风云》的试播集正是围绕着这个技巧展开的：所有的主要人物都在办公室外——亮相（托比、乔希、CJ），他们每个人都收到了神秘的信息："POTUS 从自行车上摔下来了。"编剧阿伦·索尔金（Aaron Sorkin）是亲手打造了四季《白宫风云》的传奇人物，他故意在该剧开场中隐藏了以下两条信息：这些人都在白宫上班，POTUS 代表了美国总统（President of the United States）。这两条信息直到片头快要结束时才揭晓。诚然，收看《白宫风云》的观众自然会认为，这些信息会和"白宫"有某种联系，而一些政治狂热者可能已经熟悉了"美国总统"（POTUS）这个缩写词。但是这个片头构建起了索尔金在接下来每一集都会使用的结构风格，常常还加入一些故意有所保留的信息元素。这些片段所引发的问题不是"结局是怎样的",而是"现在发生了什么"。

实际上,20 世纪 80 年代的观众看《山街蓝调》时,也一定有非常困惑的时刻。大量同步发生的情节,使得当下发生的事件让人迷惑不解:我们搞不清伦科为什么穿着餐馆服务生的服装,因为我们已经不记得前面对于卧底情节的交代了。但是在这种情况下,信息只是在我们的感知系统或是短期数据存储系统中丢失了,这部电视剧本身的叙事图景还是非常清晰的,如果我们觉得迷雾重重,那只能怪自己的记忆力不好。另一方面,索尔金的电视剧,叙事上则有如主动的"造雾机器"。编剧有意让观众处于黑暗的迷雾中。仔细看过几集《白宫风云》的观众都会有这样的感受:每一幕都会提到一些明显很重要的信息:角色会互相询问是否看了昨晚的"采访",或者是故作神秘地提起麦卡福事件。这种情景反复出现 6 次之后,你一定以为自己漏看了某些信息,恨不得重新回过头把录像带再看一遍。但不久后你就意识到,这些情节就是想让你感到困惑不解。

《山街蓝调》的清晰来自剧中对闪烁箭头的微妙融合,而《白宫风云》的模糊则是因为索尔金巧妙地拒绝提供这些箭头。《山街蓝调》每集都以一句著名的口头禅开篇:"嘿,我们得留心这个!"埃斯特豪斯中士的这句开场白发挥了重要作用,它引出了一些重要的线索,并提供了重要的上下文信息。很多评论家批评这种令人迷惑的手持摄影纪录片风格片头,但这个片头最终成为这部剧中举足轻重的手法,成为观众接受全新又复杂的多线索剧情的辅助道具。

等到观众看《白宫风云》《迷失》和《黑道家族》的时候，已不再需要这些辅助道具，因为 25 年来日益复杂的电视节目练就了他们的分析技巧。就像那些你需要边玩边研究规则的电子游戏一样，现代的电视叙事给人们带来的乐趣，一部分源自你在填充细节时所付出的认知劳动。如果编剧突然在场景中放满"闪烁箭头"，那么这部剧就会变得拖沓乏味。过多的信息会让观感趣味大大降低。

这种刻意为之的关键信息隐藏手法还延伸到了微观的对话层面。比如电视上讨论有关技术的话题时，无论是艰深晦涩的立法程序，还是进行搭桥手术，甚至是操作粒子加速器，通常都是在两种对话信息模式之间转换：肌理和实质。肌理是指所有晦涩难解的废话，让观众能将自己代入真实医疗工作者的情境里；实质则是根植于肌理背景里的真材实料，是观众需要理解的情节。

具有讽刺意味的是，肌理所起的作用与潜在的叙事毫无关系，且关联越弱越好。罗兰·巴特（Roland Barthes）在 20 世纪 60 年代发布的一篇短文中，讨论了一种他称为"现实效应"的文学手法，文中引用了福楼拜的短篇小说《简单的心》（*A Simple Heart*）中对于气压计的描述。在巴特的描述中，"现实效应"因其纯粹的无意义而被用来营造现实生活的氛围：气压计在叙事中没有扮演任何角色，也没有任何象征意义。它只是一种背景肌理，营造出真实世界的假象，因为真实世界里也充斥着没有任何叙事作用或象征意义的无用物体。《白宫风云》和《急诊室的故事》中随处可见的技术梗起到了极大的作用；当《急诊室的故事》

中的外科医生在一场搭桥手术中喊着"非体外循环冠状动脉搭桥手术"
或是"隐静脉"时，你其实不需要知道这些词的意思。这些佶屈聱牙的
词是为了让你产生正在看真正的医生工作的幻觉。要想拥有更好的观剧
体验，观众必须清楚地知道有些内容不需要看明白。

　　一般来说，通过在叙事中插入对重要信息进行标记或解释的线索，
人们便可以区分肌理和实质之间的界限。2004 年上映的大片《后天》
（*The Day After Tomorrow*）有一个无意而为之的有趣情节，丹尼斯·奎
德（Dennis Quaid）扮演的饱受批评、孤立无援的气候学家在一次政府
会议上向官员们宣布了他关于新冰河时代即将到来的理论，他演讲的结
束语是："我们可能已经到了脱盐阈值的临界点。"如果存在另一个冰河
世纪真的要到来的平行宇宙，那么身处其中的气象学家可能确实会这样
说，但对于大部分观众来说，"脱盐阈值的临界点"只能让大家一脸茫
然，而不是深受触动。因此，敢于大胆运用闪烁箭头的天才编剧兼导演
罗兰·艾默里奇（Roland Emmerich）让剧中主角身边的一位助理官员
在演讲结束后紧接着评论道："这么说，我们现在所经历的气候变化就
解释得清了。"这种做法堪比在荧幕上放置了一个闪亮的"门没锁"。

　　另一方面，像《白宫风云》和《急诊室的故事》这类电视剧里的对话，
并没有直接对观众高谈阔论。对话都匆匆而过，语速飞快，与走廊和手
术室里飞驰而过的高速跟踪镜头同步。虽然在这些电视剧中，角色说话
的速度越来越快，但对白中真正值得注意的不是速度的快慢，而是其存
心不让观众搞明白的做法。以下是《急诊室的故事》里的一个经典场景[7]：

镜头切到克里把一名年轻女孩推进来，卡特和露西跑过来。女孩的父母也在场。

克里：16 岁，已经失去意识，有 Villiari Treesure 病史。

卡特：是 Glucyna Coma 的症状吗？

克里：看起来是这样。

马库米先生：6 个月前她就开始犯病了。

卡特：她在吃什么药？

马库米太太：Emphrasylim，Tobramysim，还有维生素 A、D、K。

露西：皮肤看起来有黄疸。

克里：巩膜也是，她的呼吸有什么味道？

卡特：你是说 peder permadicis？

克里：是的。

露西：那是什么？

克里：肝脏已经停止工作了，我们取尿样吧。（转向卡特）这里人有点多，你先去应付她父母吧。准备好乳糖，每毫克 30cc。

卡特：我们得用药物清理她的血液，请你们跟我来。

卡特领着马库米夫妇走出创伤抢救室，露西也跟着他一起出来。

克里：血液似乎无法凝结。

马库米先生：她在内出血？

卡特：肝功能衰竭导致她的血液无法凝结。

马库米太太：噢，天啊。

卡特：她排在器官移植手术名单上了吗？

马库米先生：6个月来她的状况都是2a，但是他们还没能给她配型成功。

卡特：为什么？她是什么血型？

马库米先生：AB型。

**卡特和露西面面相觑，难以置信。**

**镜头切换到马克正在检查一名熟睡的病人。阿曼达走了进来。**

当然，这个片段里也有闪烁的箭头，比如"肝功能衰竭导致她的血液无法凝结"。但另一方面，外行人听不懂的医学术语出现的比例非常高，在大多数这样的叙事情节中，你要一直看到场景的后半段才能明白到底发生了什么。电视剧和观众之间已经形成了一种含蓄的默契，即对于有意制造的含混信息的容忍。这种容忍也是需要付出努力的：你要能够对每一句台词所起到的作用进行同步评估，将其归类至"实质"或"肌理"中。你要清楚哪些信息是不需要搞懂的。如果观众不能实时分析这些场景，那么《急诊室的故事》将会看起来乱七八糟，令人难以忍受。那样的话你得每星期四晚上坐在电视机前，边看电视边翻医学词典。（"peder permadicis这个词，里面这个字母是d还是t呢？"）

从纯粹的叙事角度来看，这一场戏的关键台词是最后出现的"AB型"。这名16岁少女的血型将她与之前的情节联系在了一起：在一开始的某个场景中，有位脑出血的患者曾奇迹般地苏醒，但最终死于脑死亡。就在少女肝衰竭场景发生前15分钟，道格和卡特还简短地讨论了从这名脑出血患者体内摘取器官用于移植，并顺代提到他的血型是很少

见的 AB 型（因此他的器官很快被用上的概率不大）。这里发生了一个
统计学上不太可能发生的反转：一个各方面都很完美的肝脏捐献者及时
出现，把肝脏捐给了一个有着同样罕见血型的受捐者。但是这部剧以一
种非常微妙的方式揭示了这一转折。为了搞清楚最后的"AB 型"线索，
以及卡特和露西脸上难以置信的表情，你必须能回忆起 15 分钟前，对
于另一条故事线里某角色的一句轻描淡写的评论。

　　如果在这一幕的结尾插入一句解释，那就相当浅显易懂了："她的血
型和那个脑出血死者的血型一样！"事实上，如果《急诊室的故事》是
在二三十年前创作的，我猜想编剧们确实会加上这样一句台词。但这种
粗制滥造的"字幕"添加手法与《急诊室的故事》这类电视剧的叙事风
格背道而驰。在这些现代叙事中，观看乐趣一部分来自观众的"主动填
充"。这些节目可能比上一代的流行电视节目更血腥、更大胆，而如今电
视上出现的一些性内容如果在当时的电影院播放，就显得很不合时宜，
更不用说黄金时段的电视节目了。但论及叙事功底，如今的电视节目的
品质就非常精妙和灵活了。

　　"流行电视节目比以往任何时候都更微妙和谨慎！"这种说法可不
是你常常能在新闻里看到的那些。但如果你忽略这些现象，就意味着你
忽视了现代流行叙事模式中最重要的发展成就。你有时会听到人们深情
地提起所谓电视全盛时期那种"朴实"的年代，那是《天网》和《我爱
露西》的年代。人们所谓的"朴实"是从伦理道德意义上来说的：你不
会在《天网》里看到悲天悯人的黑帮老大，《我爱露西》里也不会出现

抚养权之争。但是，如今你再看这些电视剧时，"朴实"也有另一种含义：不需要付出太多脑力劳动就可以看明白剧情发展。[8]如果你看过《黑道家族》之后再看《警界双雄》和《天网》，就会有种屈就的感觉，因为这些电视剧的创作者们想象中的观众是"理想型"的，这类观众没有从几十年的"睡眠者曲线"中收益。这些创作者让电视剧显得如此"朴实"，是因为他们觉得当时的观众还没有准备好接受更复杂的东西。

在这一点上，他们也可能是对的。

## 激发观众主动填充细节

电视连续剧是"睡眠者曲线"最富有戏剧性的证据，但你能够发现，在过去10年广受欢迎的情景喜剧中，类似的转变也在发生，情景剧正变得越来越复杂。比如最近颇受欢迎的经典喜剧《宋飞正传》（*Seinfeld*）和《辛普森一家》（*The Simpsons*），以及影评人的新欢《实习医生风云》（*Scrubs*）和《发展受阻》（*Arrested Development*），如果较之早期情节喜剧，如《全家福》和《玛丽·泰勒·摩尔》，便显得复杂了许多。衡量这些节目复杂性的最有效方法是，考虑观众必须利用多少外部信息才能"理解"其中的笑话。一些最普通的情景喜剧，比如《家居装饰》（*Home Improvement*）或《三人行》，其中的幽默任何观众都能一眼看穿，因为这种幽默感都是靠角色之间的互相讽刺来营造的。其中的笑话只立足于情景喜剧本身的"情景"要素之中，并不会涉及对话框架之外的任何东西。如果要分析更精巧一些的幽默，比如《干杯酒吧》(*Cheers*)或《老友记》(*Friends*)式幽默，剧本有时会要求你了解一些角色的基本生平信息。(卡拉会故作姿态地说山姆·马龙"清醒"，而不会向观众解释他有酗酒的前科；瑞秋会拐弯抹角地提起莫妮卡童年时很肥胖。)然而，在《宋飞正传》和《辛普森一家》中，每次到了片尾都会故意放出一个笑点，这些笑点只有当观众主动填充了适当的信息时才能看明白，而这些信息是故意不明说的。如果你还没有看过"马尔瓦"这一集，或者还不知道"亚特·凡德利"(Art Vandelay)这个名字的出处，那么这些名字再次出现时，尤其在很多梗离最早的出处时隔多年的情况下，你就很难理解其中的笑点。

乍一看，这似乎是肥皂剧的传统——情节线延伸到个别剧集的框架之外，但实际上这种手法起着截然不同的作用。即使你知道了乔治在尴尬的社交场合会使用"亚特·凡德利"作为化名，⁹但这也并不能帮助你理解当前这一集的情节；你不需要利用过去发生的情节来帮助理解当下的情节。在《宋飞正传》的180集里，有7集都提到了"亚特·凡德利"：乔治用这个化名来指代自己，或者在撒谎的时候也会用到。他在出版社求职时，称自己喜欢读亚特·凡德利写的《百叶窗》；在另一集里，他告诉失业保险事务工作人员，自己向凡德利公司申请了乳胶推销员一职。在这些叙事中，你只需要知道，乔治在正式场合撒谎时会用到这个名字；其实用任何虚构的名字来指代小说作者或者乳胶制造商都无足轻重。不过，观众只有记得"凡德利"以前出现过的情节，才能在当下的引用中感受到这个笑点；这种笑点很微妙，因为它是在向过去发生过的情节致敬。在现实生活中，我们把这种笑点称为"圈内笑话"，这种笑话只有知道笑点来源的人才会觉得好笑。在《宋飞正传》的这个例子里，笑点源自为数不多的几集里转瞬即逝的台词，其中大部分还是多年前播放的。曾几何时，情景喜剧里的笑点都是在 30 秒之内呈现的：抖一个包袱，然后接一个笑话，如此循环往复。而在《宋飞正传》中，包袱和笑话之间的时间跨度，可能长达 5 年之久。

这些有层次的笑话往往超出了剧集本身的界限。有一个粉丝网站专门详尽地记载出现过的包袱笑料，根据其记载，《辛普森一家》平均每集里都有 8 个笑点来自电影，[10] 其中包括情节主线、小段对白、效仿经典影片的视觉双关。《宋飞正传》里也有多集模仿了电影中的桥段，包括《午夜牛郎》（*Midnight Cowboy*）、《刺杀肯尼迪》（*JFK*）。《月光光心慌慌》系列中致敬电影典故的桥段可谓是全方位的。自 1995 年起，该剧每集都会融合进一些名垂青史的经典电影，包括《50 英尺高的女人》（*Attack of the 50 Foot Woman*）、《哥斯拉》（*Godzilla*）、《超能敢死队》（*Ghostbusters*）、《猛鬼街》（*Nightmare on Elm Street*）、《时空大圣》（*The Pagemaster*）、《火魔战车》（*Maximum Overdrive*）、《终结者》（*The Terminator*）和《终结者 2：审判日》（*Terminator 2*）、《异形 3》（*Alien Ⅲ*）、《创》（*Tron*）、《超越想象》（*Beyond the Mind's Eye*）、《黑洞》（*The Black Hole*）、《鬼驱人》（*Poltergeist*）、《天降神兵》（*Howard the Duck*）以及《闪灵》。

《辛普森一家》中对电影的模仿和文化采样通常被称为后现代主义的

教科书：这是一种对其他媒体进行重复的媒体形式。但《宋飞正传》"亚特·凡德利"式笑话并不完全符合后现代模式：它所指称的内容并不是从一个虚构世界跳到另一个虚构世界，而是在同一个虚构世界里穿越回过去。我认为将这两种手法的共同关键属性提取出来更有意义：这两种喜剧手法都需要反复品味才能深解其味。你研究得越仔细，就越觉得这部剧有趣；确切地说，这是因为其中的笑点并不根植于当前一集的情节背景，而创作者也不愿向观众提供能够解释笑点的"闪烁箭头"。早期的情景喜剧只要求你把基本故事看明白；除此之外，即使你非常健忘，通常也不会错过什么。而《宋飞传奇》和《辛普森一家》之类的节目为观众提供了一个更具挑战性的前提：如果你能记住三年前播出的某一集里的一句台词，或者你注意到当下的场景效仿了《双重赔偿》（*Double Indemnity*）的结局，那么你就会觉得这一集更有意思。这些笑点的深度是分层次的：你在看 1995 年的《月光光心慌慌》时，即使里面所有的电影梗你都没看出来，你同样可以欣赏这部电影，但如果你能看懂其中的电影梗，那么这部电影就会更加有趣。

这种层次感使《宋飞正传》和《辛普森一家》既能保持路人缘，又能保持小众经典电影的前卫魅力。古怪的克雷默是主流观众喜闻乐见的，而铁杆粉丝则会对剧中出现的每个"超人梗"会心一笑。这种复杂度还有另一个同样重要的作用：当你看第二遍、第三遍的时候，往往会觉得情节变得更有趣了；而等到你看第五遍、第六遍时，仍能发现新的惊喜。当你提前知道了剧情的走向，那么情节的微妙交织就会更显机智。你对整个系列的观看经验越丰富，就越有可能领悟其中所有笑点的出处。《宋飞正传》中叫作"背叛"的一集，第一遍看的时候，你会觉得根本看不下去；只有第二遍看的时候，情节才会连贯起来；看到第三遍的时候，才能大致明白其中的笑料。荧幕上播放的笑话，都得由观众自己主动填充其中的细节。

"背叛"这一集是电视节目史上的分水岭，它将现代电视的所有元素融合在一部30分钟的情景喜剧中。故事叙事由7条独立的线索交织在一起，每一天的故事线都有意隐瞒了其中的重要信息，并且植入的笑话也很有层次感。正如标题所暗示的，这些是你只能在三四十年前先锋派叙事电影中找到的叙事手法：品特、阿兰·罗布-格里耶，或是戈达德。在1960年，愿意去分析这种影视复杂性的观众可能只能填满格林威治村的一个小影院，前提还必须是当周的《纽约时报》对该电影有过赞誉。而40年后，NBC将同样扭曲晦涩的叙事结构在黄金时段播放，却让1 500万人欣然接受。

一些流行的情景喜剧完美地承袭了过去的客厅笑料传统，就好比《人人都爱雷蒙德》（*Everybody Loves Raymond*）。但大多数既能得到评论家喜爱，又能获得商业成功的作品，比如《实习医生风云》、《办公室》（*The Office*）、《南方公园》（*South Park*）、《威尔和格蕾丝》（*Will & Grace*）、《消消气》（*Curb Your Enthusiasm*），无一例外都取材自《辛普森一家》的结构线索模式，而不是效仿《三人行》；也就是说，不采用仅能持续15秒的幽默效果，而采用时间跨度大大延长的幽默手段，并利用复杂的叙事线索和模糊的背景取材加以暗示。然而在过去的几年里，情景喜剧这一类型的节目整体上萎靡不振，因为电视行业的高管将他们的注意力转向了新的，却也经常被滥用的收视冠军节目类型：真人秀节目。

## 当观众迷恋真人秀时，他们在迷恋什么

持怀疑态度的人可能会说，我之所以能抢占话语先机，是因为我把注意力集中在《辛普森一家》和《白宫风云》等一类相对"高雅"的作品上。而实际上，过去 5 年叙事娱乐领域最重大的变化并不来自复杂的剧情片或自行造梗的情景喜剧。如果放下《白宫风云》不谈，将真人秀《谁要嫁给百万富翁乔伊》（*Joe Millionaire*）作为代表，那么当代流行文化的前景是否也同样光明呢？

我想答案是肯定的，但是要恰当地回答这个问题，就必须避免怀旧煽情。当人们谈论 20 世纪 70 年代，即早期电视的黄金时代中，如《玛丽·泰勒·摩尔》和《全家福》这样的电视节目时，他们一定忘记了那 10 年里其他大部分电视节目有多糟糕。如果你要研究流行文化趋势，必须用苹果和苹果比，柠檬和柠檬比。如果说《谁要嫁给百万富翁乔伊》糟糕透顶却还是吸引了大批观众观看，那么你就必须将它与 30 年前质量相当、受众人数相当的电视剧进行比较，这样的趋势比较才有意义。所以最恰当的比较不是拿《谁要嫁给百万富翁乔伊》和《陆军野战医院》（*M\*A\*S\*H*）比，而是将《谁要嫁给百万富翁乔伊》和《价格猜

猜猜》(*The Price Is Right*) 放在一起比较，或是拿《幸存者》(*Survivor*) 和《爱之船》(*The Love Boat*) 来比较。

如果用这种一一对应的方式进行比较，那么你就会看到，无论处于质量范围底端还是顶端的电视节目，其复杂程度都在随着上升的浪潮而大大提升。比起《山街蓝调》，《黑道家族》对观众的要求明显要高得多，而比起《网络明星之战》(*Battle of the Network Stars*)，《谁要嫁给百万富翁乔伊》也有长足的进步。这是证明"睡眠者曲线"的终极证据：哪怕是"垃圾"也有所改善。

如何衡量这些进步呢？为了评估真人秀这种新兴的风格流派，我们必须再描绘一遍"犀牛"，来弄清人们为什么对这类节目着迷。我觉得"吸引力"这个词常常被人误解。传统观点认为，观众之所以会涌向真人秀节目，是因为他们喜欢看到其他人在全国播映的电视上出丑，在《恐惧因素》(*Fear Factor*) 等令人作呕的节目中，情况可能确实如此。在这些节目中，选手们在把自己关在满是蜘蛛的地窖里，或者吃腐臭的食物，以此在 15 分钟里一战成名。但对于最成功的真人秀节目，比如《幸存者》或《学徒》(*The Apprentice*)，其吸引力则更为精妙。这种精妙并不流于表面，因为正如麦克卢汉所断言的那样，真人秀节目也常常被观众认为是较早期其他节目的"仿版"。当真人秀节目首次亮相时，人们常将其与较早出现的纪录片相类比。当然，如果你将《幸存者》和《浩劫》(*Shoah*) 进行比较，前者就会显得先天不足。但真人秀节目在表达现实的手段上，和纪录片是不一样的。《幸存者》和现实的关系，更接近职业体育和现实的关系：[11] 在精心布置的、受规则限制的环境下，进行通常来说无剧本的比赛。

把真人秀放在游戏的背景下思考，可以让我们更好地理解这种节目类型的优点，这比把它同芭芭拉·科佩尔（Barbara Koppel）的电影以及《追捕弗雷德曼家族》（*Capturing the Friedmans*）相提并论更准确。关于真人秀节目，最值得一提的是，它的结构与电子游戏的结构更为相似。电视真人秀节目更是为游戏文化在流行文化史上的主导地位做了完美证明。早期的电视节目是从舞台上获得灵感的：三幕剧，或者兼有小品和音乐的歌舞剧是其灵感来源。在任天堂时代，我们也想让电视娱乐节目以新的形式来呈现：里面要有各种谜题和竞争，要随着时间推移而越来越有挑战性。**许多真人秀节目也从游戏文化中借用了这种更微妙的手段：游戏规则并不会从一开始就确立，你得在游戏的过程中进行学习。**在《幸存者》和《学徒》这样的节目中，参与者和观众都知道整个游戏的大致目标，但是每一集都包含了新的挑战，而这些挑战并不是预先设定好的。比如《学徒》第一季的最后一集，整季前半段都以极力阻挠对手为主要策略，直到最后一集，特朗普宣布最后两名学徒必须亲自从前几集已被淘汰的选手中挑选出队员，召集并管理自己的队伍。突然之间，游戏的首要目标，即想尽一切办法让自己不被淘汰，变成了最后两名学徒过关路上的阻碍：最后一轮的游戏设计有利于那些与同伴保持良好关系的选手。突然之间，想尽办法往上爬不管用了，你还得在必要时结交朋友。

真人秀节目的规则和惯例在不断变化,而不可预测性正是其魅力所在。这就是真人秀节目与其前身电视游戏节目的区别。当新选手参加《价格猜猜猜》或《幸运大转盘》(*Wheel of Fortune*)时,他们一走上舞台就对比赛规则了然于胸,没有任何不明白的地方;每个人都知道这个游戏是怎么玩的,唯一还不确定的是最后胜利花落谁家,以及他们将会把多么惊人的奖品带回家。在真人秀节目中,游戏规则的揭示是剧情的一部分,观众也喜欢这种模棱两可的设定。最初的《谁要嫁给百万富翁乔伊》也曾使用过阴招,让大家起初遵循了最基本的心理预设,即:节目组不会在奖品上欺骗参赛者。然而节目组却让一名建筑工人扮成有钱人,让 15 名年轻女孩为了得到他的欢心而大打出手。

真人秀节目从电子游戏中借用了另一个关键要素:玩家需要付出脑力劳动,探索系统规则中的弱点和机会。节目的规则逐渐展开,每个选手都展现出自己的个性和身份背景,而观众的乐趣就在于观看参赛者如何尽其所能适应并驾驭为他们打造的环境。观看这些节目的乐趣并不在于在全国播映的电视上出丑;这种乐趣来自看别人身处险境,涉入难关,没有现成的攻略,只能自己找方向。所以,人们在茶余饭后聊起这些节目时,总会谈到昨晚节目里选手们的表现。

这些节目中的挑战源于不断变化的规则,也源于真人探索丰富的社会景观。[12] 在这一方面,真人秀节目对于认知能力的需求高于电子游戏,因为游戏会削弱社交活动。在游戏世界中,你能通过 3D 图形和文本聊天等媒介与其他人交流;真人秀节目则是将有血有肉的人放入共同的空间长达数月之久，而这期间他们与其他人的接触又会受到限制。真人秀节目的参与者被迫与他们的同伴面对面交流，这种参与性让参与者的社交能力得到提升，这是电子游戏做不到的。参赛者们的社交博弈也是观众体验的一部分。当然，真人秀节目先锋——MTV 电视台的《真实世界》（*The Real World*）正是将此作为噱头的。它不需要用竞赛和巨额奖品来吸引观众，只要让一群人挤在一个全新空间里，然后被迫进行互动即可。

那些评论家在评价这些节目时，常常会忽略观众在其中的参与度。如果你把真人秀节目当成一种长时间的公然凌辱，那么大多数观众的内心独白应该是这样的："看看这个可怜的傻瓜，真蠢啊！"但正相反，我怀疑大多数人的内心独白并不是这样，而下面这种独白才更能体现观众身临其境观看节目的感受："如果让我选，我就会把理查德踢出岛。"你评估其中的社会地理，考量了规则状态，并想象如果自己在节目中会怎么做，这种参与的乐趣和诱惑与情景喜剧的叙事带来的乐趣不同：《欢乐时光》（*Happy Days*）的有趣之处并不在于让你想象自己能怎样改进方奇在餐厅进餐时对里奇的鼓励话语。而在真人秀节目的世界里，这种想象就变成了观众参与节目的重要一环。

老式游戏节目的观众也喜欢把自己想象成参与者；自《21》（*21*）开始，观众就坐在自己客厅的电视机前喊出答案。（真人秀节目继承并发扬了这些游戏节目的逻辑，就好像《黑道家族》和《六尺之下》等电视剧是在肥皂剧最初创建的模板上进行了扩展一样。）但自从赫伯特·斯

坦普尔 ① 对电视节目进行大胆揭露之后，节目的规则和所谓的"正确答案"的复杂性也有所增加。"玩"真人秀既需要你适应不断变化的规则手册，也需要你在人际关系的雷区中规划自己的道路。要想在《学徒》或《幸存者》这样的节目中取得成功，你需要的是社交智慧，而不只是在某些细枝末节的领域有所建树。当我们观看这些节目时，我们大脑中监控我们周围人情感生活的部分，比如对语调、手势和面部表情微妙变化的观察，会让我们仔细研究荧幕上参赛者的行为，寻找其中的线索。我们会毫无保留地信任某些参赛者，并投票让其他人离开。传统的叙事连续剧也会引发与角色之间的情感联系，但这些联系并不具有同样的参与性效果，因为传统连续剧并不仅仅针对"策略"而展开。"事后诸葛亮"（Monday-morning quarterbacking）一词，正是形容了人们热衷于将情感投入进各种比赛之中的状态，这和观看故事是不一样的。我们被动地接受故事，却能主动地评价游戏。真人秀节目把这种"事后评价"带进了黄金时段节目里。不过，这种评价不再针对体育竞赛，而是针对人们的社交竞赛。

真人秀节目在人工痕迹最为明显的环境中展开：热带岛屿上挤满了荧幕上看不见的摄制组；城堡里住着单身美女们和一个假冒的百万富翁单身汉。不过节目引人入胜的主要原因，在于它在情感上仍然是非常真

---

① 赫伯特·斯坦普尔（Herbert Stempel）：曾揭露了著名智力游戏节目《21》背后的歧视、贿赂和掩盖真相的内情。犹太裔的赫伯特·斯坦普尔曾在比赛中被节目方收买，要求他输给背景显赫、来自美国哥伦比亚大学的白人文学讲师查尔斯·范多伦。——译者注

实的。在《谁要嫁给百万富翁乔伊》节目的高潮时刻，当自称百万富翁的乔伊揭露了他建筑工人的真实身份时；在《幸存者》中，一位选手不幸被其他人剔除出岛时，摄像镜头近距离拍下了参赛者们沮丧的脸，你在短暂的几秒钟里看到的是一些你几乎从未在黄金时段娱乐节目中看到的东西：从别人的脸上看到最真实的情感。这种刺激是真实的、无计划的，这是在最缺乏舞台效果、最贫瘠的地方爆发出来的刺激，就像停车场里莫名盛放的野花。我觉得这些时刻之所以诱人，是因为这些情绪是如此原始，但也奇妙地具有催眠般的作用：这些选手在过去的 6 个月时间内梦想着获得一个改变一生的机遇，最后一刻却功亏一篑。电视真人秀最让人激动的是看到参赛者们在最后一刻得知真相时的表情，也是观众想到"这种事真的会发生"时的感受。与这种情感强度相比，只有俏皮话和提前录好的笑声的情景喜剧开始走下坡路也就不足为奇了。

我承认，在这些时刻，存在一些反常的东西。在一个充斥着虚假人工的世界里，屏幕上的这个人并没有在假装，至少在情绪掠过他脸庞的那一瞬间没有。这种对于电视节目来说太过真实的炽热情感，几乎让你不忍直视。

"刹那之间"是最能衡量节目中时间跨度的词，真人秀节目的智慧都是在刹那之间展现的：揭露真相后的眼神，充满怀疑的短暂一瞥，遭到背叛时的皱眉，这些表情都转瞬即逝。人类通过面部表情这种无声的语言来表达他们复杂的情感，我们从神经科学中了解到，分析面部表情的微妙之处是人类大脑的伟大成就之一。这种能力的衡量标准叫作

AQ，是"孤独症系数"（Autism Quotient）的缩写。AQ 分数低的人在阅读情感线索、预测他人内心想法和感受方面特别有天赋，这种技能有时被称为读心术。（孤独症患者缺乏面部表情识别能力，这就是为什么较高的 AQ 分数意味着较差的心智识别能力。）AQ 可以被视为丹尼尔·戈尔曼（Daniel Goleman）"情商"概念的一个子集；有时，聪明意味着我们能在头脑中做复杂的数学运算，或做出复杂的逻辑决定，但衡量实际智力的一个同等重要的指标是我们对他人情绪信号的评估和适当反应的能力。

当你通过 AQ 的视角来看待真人秀节目时，就更能理解这种节目对认知能力的需求。传统游戏节目可以评估我们对琐碎知识的掌握，并给予奖励，职业运动可以奖励我们出众的体能。真人秀则反过来挑战了我们的情商和智商。从某种意义上说，真人秀是精心策划的群体心理实验，在实验结束时，被试得到的不是 50 美元的津贴，而是可能得到的 100 万美元以及登上《人物》封面的机会。对于如今的观众来说，这些节目非常生动新颖，因为它们以一种普通电视剧或喜剧很少采用的方式，即借用游戏节目的参与形式，同时挑战我们的情感智商，来开发这种至关重要的思维能力。《学徒》也许不是电视史上最聪明的节目，但它还是会让你边看边思考，思考它在荧幕上创造的情景宇宙的社会逻辑。与《价格猜猜猜》和情景喜剧《韦伯斯特》（Webster）相比，《学徒》是一部质量上乘的智力佳作。

事实证明，电视是评估他人情商或 AQ 的绝佳媒体形式。当批评者评估电视承载有深度的内容的能力时，往往忽视了这一特性。这种负面影响部分源于由来已久的智力与情感之间的对立：智力是在一场国际象棋比赛中产生的，或者是在公共政策问题上表达复杂的修辞论证；而情感却是肥皂剧里的内容。然而，无数的研究已经证明了情商在所谓的"高知"领域（商业、法律、政治）所起的关键作用。任何涉及与他人互动的职业都会高度重视读心术和情商。在我们今天所能接触的所有媒体中，电视是唯一适合传达这些社交技能中细微变化的媒体。一本书会告诉你完整的个人生平回顾，报纸专栏则更适合严谨的论述形式；但是，如果你想要评估一个人的情商，而你又没有和他促膝而谈的机会，那么电视是你最好的选择。真人秀节目就是认识到了这种内在的力量，并围绕它建立了一个完整的流派。

政治也被电视媒体的情感流畅性所吸引。人们常常嘲笑政治话语正在变得越来越粗俗、越来越感性，把对不同政治议程的理性辩论变成了一场有如脱口秀主持人杰里·斯普林格（Jerry Springer）的拙劣自白。林肯－道格拉斯式的辩论时代已经让位于"平角裤还是三角裤"式的拙劣讨论。已故的尼尔·波兹曼（Neil Postman）在其 1985 年出版的颇有影响力的著作《娱乐至死》（*Amusing Ourselves to Death*）中将这种令人遗憾的趋势描述为政治的作秀商业化。在波兹曼看来，电视是粉饰后的媒体，是表面的媒体，是尼克松与肯尼迪辩论的无休止重演，在这场辩论中，最会粉饰的人总是赢家。他写道："尽管宪法没有提及肥胖问题，但看起来肥胖人士现在实际上已被排除在高层政治职位竞选之外。"[13]他还写道："也许秃头的人也一样。几乎可以肯定的是，那些容貌并没有因为化妆师的手艺而显著改善的人会有这样的问题。的确，我们可能已经到了如此地步：粉饰已经取代了意识形态，成为政治家必须掌握的专业领域。"

毫无疑问，波兹曼说的话也有道理，比尔·克林顿为了维持成功的政治生涯而设法减肥。电视能让你清楚地看到选举者的身体特征，这是迄今为止任何媒体都无法比拟的。可以肯定的是，这意味着在身体上不招人喜欢的人在选举时会吃亏。

但是电视媒体的曝光度已经超越了发型和肤色。当我们在全球各地客厅里近距离地观看政客们的电视直播时，我们能够从他们身上发现更深刻的品质：不仅是他们的仪表，还有他们的情感直觉——他们的沟通能力、狡诈程度、谴责或安抚的能力。我们把他们看成情感解读者，在个人身上很少有什么特质能比读心术更能预测他们治理国家的能力，因为读心术在说服的艺术中非常重要。总统们会出席正式活动、拍肖像照、举办宴会，但他们的日常工作是激励和说服其他人跟随他们的领导。要激励和说服别人，你必须对别人的心理状态有天生的敏感度。对于一个普通的选民来说，如果没有亲眼看到过这些政客，在没有剧本的情况下，几乎不可能感知到一个候选人的情绪敏感度。你不可能通过观看一个候选人背诵政治演说，看他们 30 秒的广告，或者看他们的竞选博客来了解他们所运用的读心术。但是一对一的电视采访形式能给你些信息，比如《会见媒体》（*Meet the Press*）和《查理·罗斯秀》（*Charlie Rose*）这类节目，或者是更有名的《奥普拉脱口秀》，因为这些媒体形式更社会化，灵活度更高。

因此，我们从饱受非议的"奥普拉脱口秀"式的政治运作中得到的不是"平角裤还是三角裤"这样的个人琐事，而是未来总统的情商这类重要信息，在电视出现并吸引我们注意之前，我们几乎无法接触到这些信息。阅读林肯与道格拉斯辩论的文字记录，毫无疑问能了解两人思维的敏捷性，以及他们之间的意识形态差异。但我怀疑，它们几乎没有传达任何关于这两人将如何主持内阁会议的信息，也没有说明他们将怎样获得追随者拥戴，或他们将如何解决内部争端。另一方面，在脱口秀节目中，30分钟的时间很可能足以传达所有这些信息——因为我们的大脑非常善于捕捉这些情感线索。身体上没有吸引力的候选人在这种环境下可能不会有那么好的表现。但是那些通过了外貌测试的人会由一个更高、更有辨识度的标准来评判——不仅仅是他们的肤色，还有他们的性格。

这并不是说所有的政治辩论都应该简化成脱口秀式的玩笑，立场文件和正式演讲还是有立足之地的。但是我们不应该低估无剧本的电视特写所传达的信息。长久以来，尼克松与肯尼迪的第一场辩论一直被认为是形象战胜实质的奠基运动：那次辩论中电视观众觉得浑身冒汗的尼克松和他脸上短短的胡茬使他显得非常狡诈而不可靠。但如果我们对这场辩论的感觉是错的呢？如果不是尼克松的素颜不讨观众喜欢呢？毕竟，尼克松最后的确变得立场摇摆又不值得信任。也许所有那些在收音机里听到辩论或在报纸上读到文字记录后就认为尼克松获胜的选民，仅仅只是无法接触到电视所传达的各种情感信息。尼克松在电视上输了，因为他看起来不像你想要的总统，在需要考虑情商的场合，外表就不那么具有欺骗性了。

## 社交思维，我们认知的营养源

真人秀节目和《奥普拉脱口秀》也许不是电视节目单上最精致的节目，但它们也不是快餐节目；快餐节目是一种罪恶的快乐，却无法弥补认知上的营养。与过去几十年最糟糕的电视剧相比，真人秀节目更能激发人们的社交思维，尤其是社会思维。《网络明星之战》节目播出后的第二天，人们并不会聚集在公司饮水机旁评价到底是什么馊主意让选手输了比赛，但他们会花上数周时间，讨论《学徒》节目参赛者的战术运用和个性特征。下面这段讨论来自一个非官方的《学徒》粉丝网站：

> KMJ179：我行我素的人很容易感到恐慌，并在不了解事实或意识不到危险的情况下做出草率的决定。这种人不听别人的话。很多时候，他们看似在听别人讲话，但他们根本听不进去别人在说什么。我行我素的人总是说一套做一套。我以前和这种散漫的人打过交道，所以很清楚特洛伊绝对不是这种人。我不知道伯尼的偏见是从哪儿来的，也许是因为可怜的伯尼不喜欢特洛伊的口音吧。

Ken NJ：我不是在为伯尼辩护，我只是想说说我的理由，这样你就知道我为什么觉得特洛伊自由散漫、我行我素了。唐纳德、他的队友和电视观众都希望他以诚实的工作换取诚实的报酬。但是，他却没有遵守诚信原则，而是"不择手段"地提供虚假信息，以不正当的方式引导客户出高价。任何一个负责任的主管在工作中看到特洛伊这种经营策略，都会说这个员工自由散漫，因为他不能遵守公司的政策，完全按照自己的意愿行事。就连观察过他的同事比尔也表示，他对特洛伊完成交易的方式有严重质疑。

KMJ179：当特洛伊越过道德界限，谎报有多少人有兴趣租这个地方时，我确实被惊到了。他没有必要那么做。讽刺的是，特洛伊与第二个潜在客户说起第一个客户也感兴趣并且就坐在另一个办公室时，他已经输了。第二个客户肯定感觉受到了骚扰。在某种程度上，我不能责怪第二个客户。我们坐在这里，因为租赁价格过高讨论了一天，而你告诉现在我，还有人要和我竞争最高的价格。如果是我，我会叫特洛伊直接去跳河。特洛伊确实够"专业"，他二话不说，感谢客户光临之后就让人家走了。

## 情节越错综复杂，社交智慧越容易被激发

Ken NJ：你刚才举了特洛伊不当经营的例子。我见过很多二手车销售员，都比特洛伊更有风度、更诚实。我之前也发过类

似的帖子：特洛伊在好莱坞星球餐厅（Planet Hollywood）路边进行夸梅签名的销售时，曾误导消费者。商业监督局和国家消费者机构将开始对这种商业模式进行调查。我曾见过特洛伊这样激进的销售人员，一夜之间使公司破产，法院在判决中要求公司提供3倍的损害赔偿，数额高达数百万美元。特洛伊是一根活的引线，只等着炸毁公司。在如今的公司运营中，这么说绝对不算是低估了他的行为。

节目播出后，这类线上和线下的辩论内容，你可能花上一辈子也读不完。这些评论中偶有拼写错误，语法也时有错误，但是其中认知参与的程度、通过个人经验和智慧来评价节目的渴望，对参赛者的动机和性格缺陷的密切关注——所有这些都是值得注意的。很难想象，即使是过去那些高雅的节目，更不用说《正义前锋》（The Dukes of Hazzard）这样的喜剧作品，能激发出如此多高质量的分析评论（仅在刚才提到的那一个粉丝网站上，就有数百页的类似评论）。真人秀节目题材中，真实的人物、不断变化的规则和私密情感的揭露，就好像独特的混搭鸡尾酒，刺激人们的大脑进行活动。你在看《学徒》的时候可不会走神，因为你也全程参与到游戏中。

无可否认，你所玩的游戏的内容是建立在一个肤浅的前提和高度人为的环境之上的。这是真人秀节目从电子游戏中偷师的另一种方式：节目内容并不算有趣，但却引发了你大脑的认知活动。所以，重要的是间接学习。

　　这种间接学习一部分来自《学徒》或《幸存者》等电视剧中的角色。就像《黑道家族》挑战人们的思维，让人们遵循多条线索一样，真人秀节目也要求我们追踪多种关系，因为这些节目的推进围绕着十几个人之间不断变化的争斗和合作展开。这也激活了我们情商的一个组成部分，我们有时将其称为社交智慧：我们有能力去观察和回忆周围人群中许多不同的互动方式，比如，我们记得彼得讨厌保罗，但保罗喜欢彼得，他们两人都和玛丽相处得很好。这种能力是我们作为灵长类动物的一部分；我们的近亲黑猩猩生活在一个由几十个个体组成的复杂社会里，它们的社会充满了错综复杂的党派算计。而一些人类学家认为，智人在过去 100 万年中，大脑额叶体积急剧增长，这是因为他们需要一个相互联系紧密的社会网络。环境条件会增强或削弱大脑进行这种社会映射的能力，就像它能改变现实环境的反映一样。伦敦大学学院（University College London）的一项著名研究发现，平均而言，伦敦出租车司机大脑中负责空间记忆的区域比普通伦敦人更大。经验丰富的司机比他们年轻的同行拥有更大的空间记忆区域。这就是大脑神奇的可塑性：通过一次又一次地执行某种认知功能任务，你就可以让更多的神经元参与这项任务。社交智慧也是如此：**花更多的时间研究错综复杂的社交网络，你的大脑就会变得更擅长追踪所有这些交错的关系。**

　　就媒体而言，这类分析并不是由叙事线索或简单的多个角色来诠释的。更形象的类比是一张"网络"：一系列的点通过线连接起来。当我们观看真人秀节目时，我们在脑海中也隐约地构建了这样的社交网络图，这些图与其说是主线情节，不如说是人们对彼此的态度：尼克对艾米有好感，但艾米可能只是在利用尼克；比尔和夸梅亦敌亦友，但他俩都认为艾米是在利用尼克；除了夸梅，大家都不相信奥玛罗萨，但特洛伊对奥玛罗萨格外反感。这听起来像是高中生的儿戏，但就如同情商的许多形式一样，分析和回忆群体中所有社会关系的能力，与你的学术能力评估测试（SAT）分数或大学考试分数一样，都是能够预测职业发展的可靠指标。由于我们的生物和文化遗产，我们生活在一个巨大的人类群体中，人们相互影响。那些头脑善于分析的人，能够分析这些群体中所有的关系，这些人很可能会获得很好的发展；而那些头脑不太擅于追踪的人，则总在人际交往中碰到麻烦。真人秀节目迫使我们以在过去的游戏节目中无法想象的方式来锻炼我们的社交能力。在过去的游戏节目中，对基本认知能力的考验无外乎是正确猜出某件家电的价格，或是在合适的时间搬出救兵。

增加社交网络复杂性的趋势并不是真人秀节目独有的现象；如今许多流行的电视剧都以复杂的关系网络为特色——观众需要专注研究、仔细观察，才能明白荧幕上发生了什么。传统上来说，电视节目中最复杂的社交网络都是以肥皂剧的形式出现的，有外遇、背叛，还有复杂的家族纠葛。让我们以《家族风云》第一季中的一集为例。《家族风云》社交网络的中心是尤因一家：一对父母、三个子女、两个子女的配偶。在这个家族周围还有几名常常出现的角色：农场工人雷、尤因的仇家克里夫。剧中每集都会引入几个新角色，在当集中帮助剧情展开，然后再从这个网络中离开。比如"黑市宝贝"这一集中，故事的主结构是一个双重情节：家里老人早就期待抱孙子，两兄弟为了满足家族愿望而展开了竞争。如果像看待《黑道家族》和《山街蓝调》那样，以纯粹的叙事角度来看，那么这一集的结构是比较简单的：两个情节交替跳转，在几个关键的情节上重叠。但是如果以社交网络的方式来看，那么情况就更微妙了（见图 2-5）。

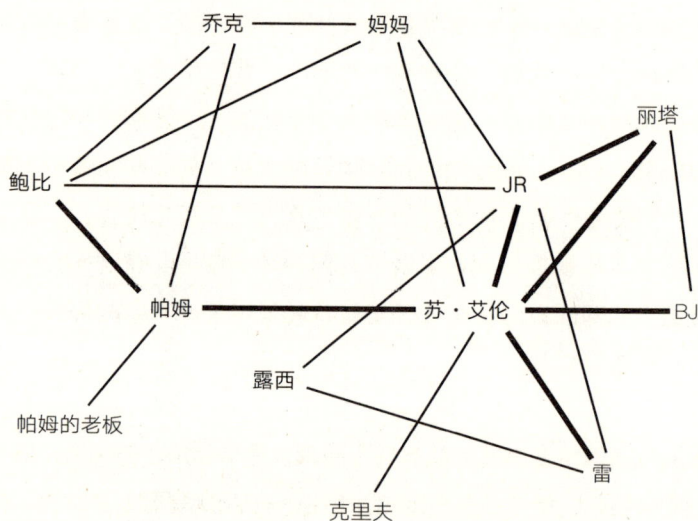

图 2-5 《家族风云》中微妙的社交网络

细线代表了在这一集中你必须提前掌握的社会关系：你需要明白的是，大家长乔克不赞成帕姆为了工作而推迟生孩子的决定，你也需要明白在几个关键的场景与整个家庭中鲍比和 JR 之间的长期竞争。你还要了解长久以来，鲍比和 JR 在家族的几个重要场合都处于竞争关系。粗线则代表了引发主要事件的社会关系：JR 付钱给丽塔，让她离开这个州，从而阻碍了苏·艾伦的领养计划；苏·艾伦在醉酒之后与雷发生了一夜情。

当然，我们大多数人在看电视的时候并不会用明确的空间术语来思考这种社交关系，但我们确实会在看电视时建立起脑海中的社交网络工作模型。这些脑海中的视觉化网络有助于我们看出电视节目中复杂的人际关系。如果你看一眼后面这幅福克斯出品的《24小时》中某集的关系图表，就能发现在过去的30年里，电视剧中的社交网络在复杂度上发生了什么样深刻的变化。

《24小时》第一季的剧情基本建立在四个不同家庭之间发生的故事之上：主人公杰克·鲍尔和他的妻子、女儿；受到恐吓的参议员大卫·帕默及其家人；恐怖分子维克托·德拉赞一家；还有鲍尔工作的反恐中心的同事们所组成的非正式家庭。最后这一组之所以也算家庭，不仅仅是因为他们基本同吃同住，还因为其中有两对办公室情侣。同样，细线代表了与情节相关的社会人际关系，粗线则代表了对情节至关重要的关系。无论从以下哪种标准来看，《24小时》呈现的社交网络至少是《家族风云》的三倍，包括人物数量、人物之间的联系、群体之间的联系，以及一集之中与故事核心相关的联系。《家族风云》中的人际网络体现为一个大家庭：主要人物都是彼此的直系亲属，其余的角色是边缘角色。相对而言，《24小时》更接近于一个小村庄的规模，其中的四个宗族相互竞争，有几十条相互连接它们的纽带。事实上，《24小时》中的社交网络，就和你在简·奥斯汀或乔治·艾略特的乡村小说或庄园小说中经常看到的那种社交网络类似。当然，在那些经典作品中，对话和描述更加细致入微；但如果要弄清社会关系才能了解叙事，从这点来看，图2-6中呈现出的《24小时》的社交网络是有其独特之处的。

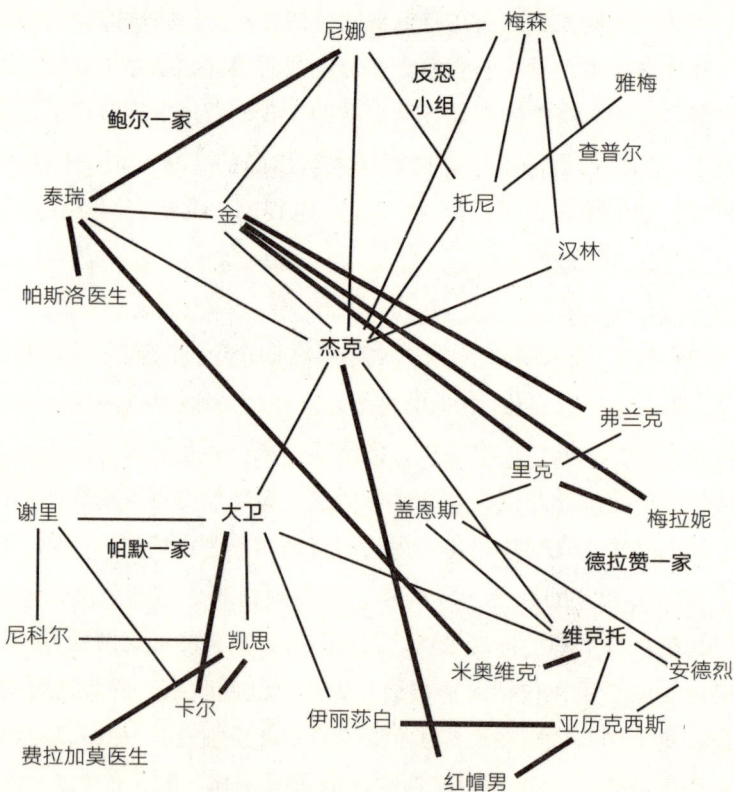

**图 2-6 《24 小时》中的社交网络**

把《家族风云》和《24 小时》中的这两集横向对比来看，差别是很明显的。即使你之前没有看过《家族风云》，也不知道剧中的人物，这一集的框架还是很容易看明白的。编剧在片头嵌入了很多"闪烁箭头"：大家长乔克的生日派对上，编剧不遗余力地勾勒出了家族内部的主要关系和矛盾冲突。想要看明白接下来的故事，几乎不需要费什么力气：场景切换非常缓慢，叙事情节足够突出，如今的电视迷很可能会觉得这部电视剧太过缓慢拖沓。但若单看《24小时》中的一集，你肯定觉得非常困惑，因为这一集所依托的关系网络如此复杂，几乎所有的关系都和前几集密切相关。对于一个以故事实际进展为时间线的电视剧来说，《24小时》并不会浪费宝贵的时间去解释故事背景；如果你不记得尼娜和托尼有恋情，或是忘了杰克和大卫合谋暗杀了德拉赞，那你会很难跟上剧情。《24小时》不适合毫无准备地从中间看起，但是，如果这一季每集你都认真看过，就会发现即使这样，自己也得十分专注才能跟上节奏，因为剧中多条关系线的发展实在是太复杂了。

《24小时》的社交网络图实际上并不能完全反映出观众看电视时所花费的认知劳动。这部电视剧采用了阴谋论式的叙述，每集都包含几个突出的疑点，每集无一例外都在向我们暗示人物之间的暗线联系，这些暗线是有意没在剧情中挑明的，但观众都会在观看时自行推测。在这一集中，杰克·鲍尔的妻子泰瑞患上了暂时性失忆症，并由一个新角色帕斯洛医生照顾了一段时间，观众对帕斯洛医生一无所知。这部剧中并没有体现医生和大反派维克托·德拉赞之间的关系，但当观众看到帕斯洛医生安抚泰瑞时，总会紧张地试图找寻线索，把他和德拉赞联系起来。（由于卧底暗线的存在，观众会对反恐小组中的每一个人都心有疑虑，小心审视。）在《24小时》中，跟着情节走不仅仅是要你跟踪原本为你标记好的所有节点；这部剧的魅力还在于，它需要你权衡各种可能的联系，即使这些联系并没有直接在荧幕上呈现。不用说，《家族风云》浓墨重彩地标记了其中所有的社会关系；而最后一集"谁杀了JR"之所以震撼，是因为JR和谋杀他的人之间的关系，在剧中并没有明确体现。

这再一次证明，睡眠者曲线的长期发展趋势是明确的：20世纪70年代流行电视节目中最复杂的社交网络，与如今热门电视剧的社交网络相比，都显得太幼稚了。现代观众在DVD上看《家族风云》时，会对里面的内容感到厌烦——更多的是因为这部剧的每个场景包含的信息要少得多。观看《家族风云》时，你不怎么需要去思考就能理解所有正在发生的事，而"不用思考"是寡淡乏味的。《24小时》采用了截然相反的手法，在每个场景中都建立了一个联系紧密的网络。你必须专注于情节，专注于你大脑中描绘社交网络的部分。这部电视剧的内容也许只是复仇谋杀、恐怖袭击，但带来的间接学习内容却完全不同，而且更有营养。这就是所谓的"人际关系"。

# 03

参与思维：

黏性高的互联网服务，
应能激发用户的前倾参与

EVERYTHING
BAD IS GOOD
FOR YOU

被《24 小时》中复杂的社交网络弄昏头脑的观众，至少有一项《家族风云》的观众所缺乏的资源：用来分享热门电视节目信息的、数量众多的网站和在线社区。就像《学徒》节目的观众不厌其烦地琢磨细节，讨论特洛伊令人不齿的商业道德那样，《24 小时》的粉丝们也在网上详尽地记录和讨论每一个一闪而过的场景和简短的暗示，建立了详细的剧集指南和常见问题列表。雅虎上的一个粉丝网站一度汇集了 4 万余篇来自普通观众的讨论帖，包括他们自己对前一晚播出剧集的分析、对隐晦情节提出的问题、对即将播出的新一季进行的猜测。随着电视剧变得越来越复杂，帮助观众处理这种复杂性的资源也成倍增加。如果你迷失在《24 小时》的社交网络中，那至少还能在网上找到方向。

所有这些让我们见证了睡眠者曲线的另一个关键部分：互联网。这不仅是因为网络世界提供了资源，支持其他媒体使用更复杂的形式，还因为适应网络通信新现实的过程对我们的思想产生了有益的影响。我们应该提醒自己，工业化世界是多么迅速地接纳了各种电子媒体的参与——从电子邮件到超文本，再到即时通信和博客。广大观众投入了很多时间沉浸在电视和电影中，但电视和电影都不需要电子邮件或网络所

101

需的学习曲线。调整生活作息，让自己每天都有时间坐在电视机前看移动的图像是一回事；学习一门全新的通信语言以及伴随它出现的一些软件工具是另一回事。现在来看，上述观念似乎有点荒谬，但是，当超文本文档的概念在 20 世纪 90 年代初第一次进入流行领域时，它还是一个非常前卫的事物，它是由试图打破线性语句和书页装订书籍限制的实验主义文学边缘群体所推动的。然而，在不到 10 年的时间里，发生了一件不同寻常的事情：研究非线性文档结构变成了数亿人的第二天性，就像打电话一样简单。大众接受超文本就像接受《宋飞正传》里"背叛"那一集一样：**一种曾经只局限于前卫群体的文化形式，现在也能被全世界的小学生或者老奶奶欣然接受。**

我不会细谈这一点，因为增加互动性对大脑有益这一说法并不新鲜。许多富有洞察力的评论家，例如凯文·凯利、道格拉斯·鲁什科夫、珍妮特·默里、霍华德·莱茵戈尔德、亨利·詹金斯，在过去近 20 多年的时间里对这一观点做了各种各样的补充。我想这样说：**互联网的兴起通过三个基本又相互关联的方面挑战了我们的大脑——通过参与，通过迫使用户学习新的界面，通过创建新的社会互动渠道。**

## 参与感，人人都可以展现自我的生活

几乎所有形式的在线活动本质上都是参与性的：写电子邮件、发送即时消息、创建照片日志、发布两页关于昨晚的《学徒》新剧集的分析。

史蒂夫·乔布斯喜欢把电视和网络之间的区别描述为"后仰式媒体"和"前倾式媒体"之间的区别。你上网时会身体前倾、注意力集中、精神投入，而看电视则会让你走神。这是我们熟悉的"互动性对你有好处"的论点，它证明了这种传统智慧无论在过去还是现在，的确是明智的。

在互联网刚刚流行起来的时候，人们仍然有可能对这种新媒体的参与性产生怀疑。每个人都意识到，撰写电子邮件和点击超链接的做法将成为主流，但是有多少人最终会对在网上发布扩展性的文本感兴趣呢？如果感兴趣的人很少，如果网络上的文字都是由专业作家和编辑创造的，那它和以往的文本形式有什么不同呢？

多年前，博客文化在世界范围内迅速流行起来，博客文化的极速扩张平息了人们的疑虑，根据皮尤慈善信托基金会（Pew Charitable Trust）2004 年的一项研究，超过 800 万美国人称他们有个人博客或在线日记。根据专业的博客追踪服务引擎 Technorati 的数据，每天平均有 27.5 万条博客发表上线，但其中只有很小一部分是由专业作者撰写的。经过两年的媒体炒作，仅在美国，活跃的博客数量就已经达到了黄金时段网络电视的受众规模。

那么，为什么怀疑论者对自助出版的需求如此低估呢？他们犯的主要错误是：想当然地认为新时代的文本内容和老式的新闻媒体无异——社论文章、电影评论、文化评述。当然，网络上也有很多高谈阔论式的新闻报道，但大部分人发布的内容都是很私人化的：网络日志是博客世界中占主导地位的话语模式。人们使用这些新工具不是为了表达对社会保障私有化的看法，而是为了谈论自己的生活。10 年前，道格拉斯·洛西克夫创造了"屏幕人"（screenager）一词，[1] 用来形容第一代伴着这样的设想长大的人：电视屏幕上的内容应该是可以操纵的，而不仅仅是让人被动观看的。他们之后的一代人却将这样的逻辑带入了另一个极端：**屏幕不仅仅可以被操纵，还能将你的个人身份投放其中，网络变成了一个能让你展现生活的地方。**

当然，考虑到网络日志的公众隐私开放度，以及使用假身份的可能性，这种投放可能会造成一些尴尬或不健康的情况，但每一项新技术都可能被利用或滥用于不正当的领域。对于这 800 万博客的绝大多数用户来说，这些自我表达的新场所对他们的生活是一个美妙的补充。不可否认，你的网络日志内容可能比较幼稚。毕竟，这些网络日志大多是由青少年创作的。但 30 年前，这些青少年业余时间可不写小说，也不写十四行诗；他们在看《拉维恩和雪莉》（*Laverne & Shirley*）。与其看着别人的肥皂剧走神，不如动手创作自己生活的肥皂剧。

事实上，网络对电视也产生了积极的横向影响，因为它把电视从媒介本来就不太适合执行的任务中解放出来。作为第一人称即时性叙述的载体，电视可以成为一种令人愉悦的媒介，能够传达非常复杂的体验。但作为信息来源的一种，它有其局限性。网络的兴起使电视能够把信息共享的责任转移到另一个专门为信息共享而设计的平台上。尼尔·波兹曼《娱乐至死》中的这段文字准确地展示了过去 20 年里发生的巨大变化：

> 电视……包含所有表现形式。人们去看电影不是为了了解政府的政策或最新的科学进展。人们买影碟不是为了看棒球比分、天气或最近的谋杀案……但每个人去看电视都是为看所有这些东西，甚至期待更多东西，这就是为什么电视能在整个文化体系中引发如此强烈的共鸣。电视是我们的文化了解自身的主要方式。[2]

虽然就使用时间来看，电视在美国人的生活中仍占主导地位，但毫无疑问，互联网正以惊人的速度迎头赶上。如果互联网的早期使用者可以被视为某种迹象的话，我们可以预测电视的优势不会持续太久。至于波兹曼所描述的查询政府政策或体育比赛得分等需求，互联网早已成为人们的首选，各类搜索引擎便是我们了解自身文化的主要方式。

## 多界面学习，不断锻炼用户的认知肌肉

互联网兴起所带来的第二种影响，与电子游戏规则体系的演变类似：[3] 新平台和软件应用程序的加速发展，迫使用户探索和掌握新环境。你通过网络媒体交互内容将智力投入其中，比如给网络文章留言，同时和三个网友在线聊天。此外，你通过与媒体的"形式"进行

互动，从而锻炼你的认知肌肉：学习新的电子邮件客户端使用技巧，正确配置视频聊天软件，学会使用新安装的操作系统。当然，这种解决问题的方法可能会令人不快，微积分也是如此。虽然你不喜欢麻烦，但当你的浏览器崩溃时，你还是会想尽办法去解决问题，你的逻辑能力也因此得到了锻炼。这种额外的认知参与层主要来自数字技术中界面的日益发展。当新的工具出现时，你必须了解它们的用途，也必须了解使用规则。要想熟练地使用电话，你需要掌握和远方的亲友进行实时对话的基本能力，还要对电话设备界面使用方法有所掌握。同样的原理也适用于数字技术，只是界面在深度和复杂性上有了大幅度的扩展。想要学习旋转式拨号电话的规则，你所面临的认知挑战是十分有限的。但要探索微软 Outlook 的所有功能，可能得耗费你一周的时间。

正如我们在游戏世界中所看到的，学习新界面的复杂之处其实也可能成为一种真正的乐趣。在表达我们与软件的演进关系时，描述往往并不充分。当我们下载了一个新的应用程序，在它的命令和对话界面中漫游，通过感觉来学习使用它时，这种探索本身是充满乐趣的。我经常发现某些应用程序在第一次使用时更有趣，而这种趣味会随着使用次数的增加逐渐消失，因为在最初的探索中，你会因聪明的设计而欣喜，尽管后来发现这些设计作用并不大。这听起来像是经验丰富的技术极客才会说的话，但我认为这种感觉在过去几年里已经变得更加主流了。想想那些下载了苹果 iTunes 软件的数百万普通乐迷吧，我敢肯定，他们中的许多人都很喜欢第一次体验这个应用程序时的感觉，因为这将是彻底改变他们听音乐方式的工具。我猜想，他们中的许多人完全没有看说明书，而是选择了类似于电子游戏玩家探索虚拟世界的方式，从内部开始探索这种新的应用程序。这种探索是一种强有力的智力活动；毕竟，你是在没有向导的情况下学习复杂系统的规则。而且，其中的趣味使这种探索更有力。

## 网络生态，让社交互动的连接持续增强

接下来是社会互动方面。互联网的怀疑论者 10 年前就提出了对于"撤出公共空间"的担忧：的确，**互联网让我们会聚在一个新的信息世界，但我们也要为此付出可怕的代价；我们被限制在电脑显示屏前的贫瘠环境中，脱离了真实社会的活力**。但事实上，在过去的几年里，几乎所有被大肆宣传的先进网络科技，都是用来增强社交联系的工具。许多工具被设计出来用以加强与网友之间的交流——更不用说我们现在用来协调各种现实生活的手持设备了。其中一些交流工具创造了全新的交流模式，这些模式在本质上是完全数字化的，比如网民在博客上的交叉会话。另一些人使用互联网来实现面对面的交流，比如使用 Meetup.com 这样的聊天网站。还有一些工具则是现实与虚拟的混合，就像在交友网站世界里一样，线下见面通常在网上交流几个月之后才会发生。谷歌这样的搜索引擎工具实现了人们最初的梦想，让数字机器帮助扩充我们的记忆范围，而新的社交网络应用程序所实现的，则是我们从未想过或者预言过的东西：它们增强了我们的人际

交往能力，扩大了我们的社交网络，让陌生人之间彼此分享想法和经验成为可能。

　　电视和汽车社会让人们足不出户、与世隔绝，远离公共区域的喧嚣，但网络扭转了这种长期趋势。经过半个世纪的技术隔离，我们终于学会了新的沟通方式。

# 04

**系统思维：**

口碑爆表的电影，
应能不断升级大众的认知能力

EVERYTHING
BAD IS GOOD
FOR YOU

　　电影是否也经历了同样的转变？我相信，答案是肯定的。流行电影无论在视觉上还是技术上，都明显变得更复杂了：异彩纷呈的特效，变幻莫测的剪辑。这是一个妙趣横生的发展过程，也非常赏心悦目，但却不能对我们的头脑产生有益的影响。在电影中，我们是否也能看到如同今天的电视节目所呈现出的越发复杂的叙事？是否包含需要观众去"主动填充"的内容？有证据表明，在那些最卖座的电影里，睡眠者曲线发挥了作用。本着"苹果和苹果比"的态度，我们可以就其史诗般的规模和错综复杂的情节，把《指环王》三部曲与原版《星球大战》三部曲进行一番细致的对比。卢卡斯在其《星球大战》中，借鉴了托尔金小说的部分结构，但在把原著改编成一部令世人震撼的太空史诗时，卢卡斯大幅缩减了《指环王》原著的叙事宇宙观。当然，两者之中都包含了光明与黑暗的冲突，以及探险类史诗的总体构架，但具体细节却截然不同。通过每一个关键的复杂性衡量标准来看，《指环王》的挑战性要比《星球大战》大得多，这些衡量标准包括必须遵循的叙事线索数量，以及必须迅速掌握的背景信息容量。

　　要理解这些，最简单的方法就是回顾一下拥有活跃情节线索的角色

111

数量，对剧本情节有重大影响的角色数量，以及在电影中着墨较多、有传记色彩的角色数量。《星球大战》中大概有 10 个这样的角色：

- 卢克·天行者
- 汉·索罗
- 莱娅·奥加纳公主
- 高级星区总督塔金
- 欧比王·肯诺比
- C-3PO 礼仪机器人
- R2-D2 机器人
- 楚巴卡
- 达斯·维达

另一方面，在《指环王》中，你需要记住的名字数量几乎是《星球大战》的三倍：

- 埃佛拉德·傲足
- 山姆卫斯·詹吉
- 索伦
- 波洛米尔
- 凯兰崔尔
- 精灵王子莱格拉斯
- 皮平

- 凯勒博恩

- 吉尔－加拉德

- 比尔博·巴金斯

- 甘道夫

- 萨鲁曼

- 奥克路兹

- 埃兰迪尔

- 阿拉贡

- 哈尔迪尔

- 吉姆利

- 咕噜

- 阿尔玟

- 埃尔隆德

- 佛拉多·巴金斯

电影中的"睡眠者曲线"在儿童电影类型中最为明显。过去 10 年中的超级大片——《玩具总动员》（*Toy Story*）、《怪物史莱克》（*Shrek*）、《怪物公司》（*Monsters, Inc.*），还有史上最卖座的电影《海底总动员》（*Finding Nemo*），与早期的《狮子王》（*The Lion King*）、《欢乐满人间》（*Mary Poppins*）、《小鹿斑比》（*Bambi*）等影片相比，叙事方法要复杂得多。如今这些电影的创作者灵活地在情节、对话和视觉效果中构建了不同层次的信息，创造了一种混合形式的艺术，既能引起孩子们极大的兴趣，又不会让大人感到厌烦，这种灵活的技巧已受到广泛赞誉。以

《玩具总动员》为例，它在视觉上大量借鉴了其他电影——《夺宝奇兵》
（*Raiders of the Lost Ark*）、《太空英雄》（*The Right Stuff*）、《侏罗纪公园》
（*Jurassic Park*）。这些借鉴即使在《辛普森一家》里出现也不会显得格
格不入。

　　但最近这些电影中最明显的变化是结构上的。以《小鹿斑比》
（1942 年）、《欢乐满人间》（1964 年）和《海底总动员》（2002 年）的
情节为代表来进行比较，这些电影都饱含人生经验启示，值得赞誉。我
们将关注点放在每一部电影中有完整饱满情节的角色数量、有传记色彩
的角色数量，以及有发展趋势或重大变化的角色数量上。（用编剧行话
来说，就是有"故事线"的角色。）这三部电影都以家庭为核心：小鹿
斑比和臭鼬花儿；班克斯一家；尼莫和它丧偶的父亲。电影中还有一两
个主要的配角补充核心家庭单位：小兔子桑普；玛丽·波平斯阿姨和伯
特；健忘的多莉。除了这些共同的特点之外，这三部电影的故事情节大
相径庭。《小鹿斑比》的情节几乎完全围绕三个中心人物展开；《欢乐满
人间》则增加至五个角色，他们都有明确的故事线和传记色彩（扫烟囱
的伯特、爱笑的叔叔、银行行长）。然而，要想了解《海底总动员》的
故事情节，你必须了解近 20 个独特的人物：尼莫学校里的三个同学和
老师；三条身体正在逐渐恢复的鲨鱼，其中包括"从来都没有父亲"的
布鲁斯；鱼缸中由吉尔领头的六条鱼（吉尔身体右侧有疤痕，因此同情
左鳍虚弱的尼莫）；冲浪好手海龟克拉什；鹈鹕奈杰尔；鱼缸主人牙医
和他可怕的侄女。除此之外，还有大约 10 来种不同的海洋生物作为配
角：鲸鱼、龙虾、水母……这些角色都在故事中起到了辅助作用，并没

有鲜明的个性描绘。作为一个三岁孩子的父亲，我可以亲自作证，即使看几十遍《海底总动员》，每次看也都能有新发现，这正是因为电影叙事流中同时漂浮着许多条不同的故事线。就孩子的心智而言，每次观影都是在训练他们有意识地追踪多条线索，这就像在督促他们的大脑做"健美操"。

要想看到电影复杂性在其他方面的大爆发，你必须参考位于票房收入榜中游的电影。你会发现围绕着极其复杂的情节构建的电影越来越多，这些电影需要观众高度集中、仔细分析，才能弄清发生了什么。我认为这是一种新型的微观流派，可以称之为思维挑战。这种电影风格有意迷惑你的心灵、扰乱你的头脑。这些电影包括《成为约翰·马尔科维奇》(*Being John Malkovich*)、《低俗小说》(*Pulp Fiction*)、《洛城机密》(*L. A. Confidential*)、《非常嫌疑犯》(*The Usual Suspects*)、《记忆碎片》(*Memento*)、《美丽心灵的永恒阳光》(*Eternal Sunshine of the Spotless Mind*)、《罗拉快跑》(*Run Lola Run*)、《十二猴子》(*Twelve Monkeys*)、《改编剧本》(*Adaptation*)、《木兰花》(*Magnolia*)、《大鱼》(*Big Fish*)。我们也可以把《黑客帝国》(*The Matrix*)算在内，它以天才的手法将"思维挑战"的结构融入大投资动作电影之中。

这其中的一些电影，是通过创造丰富的交叉情节网络来挑战人们的思维的；另一些则通过对观众隐瞒重要信息来创造挑战；还有一些创造了新的时间模式，颠覆了传统的因果顺序；更有甚者，故意模糊现实和虚构之间的界限。所有这些手法，都是老式先锋派电影中惯用的技巧。

当然，这些手法在经典电影中也有先例：比如某些 20 世纪 70 年代的阴谋片，又如希区柯克的心理惊悚片。然而在过去 10 年里，思维挑战作为一种类型电影，已经真正开花结果，而且票房成绩相当不错。上面提到的大多数电影单是票房收入都超过了 5000 万美元，并且为制作者们带来了可观收入；这些电影所依赖的叙事手段，放在 30 年前恐怕只配送进艺术展览馆里。

但在电影世界的其他领域，这种趋势并不明显，比如在票房排行榜顶端的作品中。公平地说，《独立日》（*Independence Day*）并不比《外星人 E. T.》（*E. T.*）更复杂；《灵异第六感》（*The Sixth Sense*）也不比《驱魔人》（*The Exorcist*）更具有挑战性。好莱坞仍在出产面向青少年的垃圾电影，这些电影同 20 年前的电影一样简单、程式化。那么，为什么在电影世界中，睡眠者的曲线会趋于平稳呢？

我怀疑答案包含两方面。**首先，叙事电影比电视或游戏更古老。**电影复杂性的大爆炸发生在 20 世纪上半叶，经历了从第一部电影的视幻觉手法和轻歌舞剧到《一个国家的诞生》（*Birth of a Nation*）和《爵士歌手》（*The Jazz Singer*），再到《公民凯恩》（*Citizen Kane*）和《宾虚》（*Ben-Hur*）的发展历程。随着叙事电影逐渐演变为一种风格类型，观众逐渐适应了这种发展，这种电影形式对观众的认知要求也变得越来越大胆，这一点就和过去 30 年来的电视节目及电子游戏一样。**其次，从历史上看，电影一直面临着一座限制其复杂性的壁垒，因为电影的叙事时间必须限制在两三个小时之内。**我们研究的电视连续剧，讲述的故事可任意分好几季展开，每一季都有十几集。一部成功的电视剧，时间尺度可以超过 100 个小时，这让故事情节有更多时间逐步深入，也给了观众更多时间去熟悉众多的角色和他们的多重互动。同样地，电子游戏平均需要 40 个小时来通关，随着游戏的推进，谜题和通关目标的复杂度也在逐步增长。按照这个标准，一部平均时长两小时的好莱坞电影，就相当于一部电视剧试播集或一款电子游戏的开篇训练环节，在这段时间里，你能介绍的线索和细节非常有限。也难怪我们这个时代最复杂的大片——《指环王》三部曲，其未剪辑的 DVD 加长版共计十几个小时。在睡眠者曲线的影响因素中，最关键也最简单的因素是：时间。

## 为什么说今天最糟糕的电影也糟糕不到哪里去

睡眠者曲线描绘出一种文化趋势：随着时间的推移，流行娱乐和媒体变得日益复杂。但我想澄清一点：睡眠者曲线并不意味着某天《幸存者》会和《黑暗之心》（*Heart of Darkness*）相提并论，也不意味着某天《海底总动员》会被拿来和《白鲸》（*Moby Dick*）相提并论。大众文化在美学和知识财富方面与高雅艺术相比仍然黯然失色，睡眠者曲线在这一点上并没有颠覆传统。近年来的一些长篇电视连续剧中也有不少"思维挑战"，很可能多年后也会载入史册，成为经典。如果游戏世界里还没有出现经典的话，也一定会逐渐发展出行业的经典。但这些不是我们现在要讨论的。"睡眠者曲线"真正颠覆传统观念之处，在于颠覆了人们认为"情况正在变得越来越糟"的说法，即：流行文化正江河日下，只有廉价的刺激每每博得青睐。这就是为什么我有必要指出，即使是今天最糟糕的电视节目，比如《学徒》，与过去那些糟糕的电视节目相比，也没那么糟糕了。如果你认为低俗文化总会有市场，那么至少《学徒》中的低俗文化与人们的现实生活有一定的联系：办公室政治斗争，以及企业文化中不断变化的道德规范和权色政治斗争。这在娱乐界并不算是深奥的主题，但是和过去也曾风靡一时的乏味电视节目，比如和《默克和明蒂》( *Mork & Mindy* ) 或《谁是老板》( *Who's the Boss* ) 相比，《学徒》可以说是通过考验的真金了。

在进行这种比较论证时，有些人可能会说，我把门槛定得太低了。也许大众对低俗娱乐的胃口并不是一个社会学常数。如果说电视的生态系统将始终提供各种质量层级的节目，让垃圾和经典共存，同时还保有一些位居中流的节目，那么随着媒体的发展，垃圾节目似乎变得越来越具有头脑挑战性，这也算是一个好迹象。但是，如果我们可以完全避免垃圾节目，好比打造一个全民只看美国公共电视网（PBS）的国度，那么对于一些电视节目，如果其唯一可取之处就是它们不像过去的节目那么愚蠢，那这也没什么可令我们沾沾自喜的。

当人们提出这样一个文化乌托邦的可能性时，他们经常会想起旧时的畅销书榜单，据说这些榜单反映了大众正在阅读吸收错综复杂、具有很高艺术价值的作品。查尔斯·狄更斯是兼具学识与人气的经典案例，他在19世纪中叶的一段时间里是最受欢迎的英语作家，同时也是最具创新精神的作家（可能除乔治·艾略特之外）。如果维多利亚时代的人愿意成群结队地去阅读《荒凉山庄》（*Bleak House*，这部巨著有上千页，情节错综复杂，更不必说其中洋溢着的艺术才华），那现如今的人们为什么会满足于《学徒》这样的电视节目呢？

的确，至少狄更斯的部分才华在于他有能力扩大小说的形式范围，同时又能吸引大批渴望追随的读者。事实上，狄更斯创造了大众娱乐的一些基本惯例——大量的陌生人因为对连载故事的共同兴趣聚集在一起，虽然如今的我们认为这都是理所当然的。他在写作中创造了流芳百世的艺术作品，成为文学史上的奇迹之一。当然，文化权威们花了将近一个世纪才愿意接纳他为文坛无可争议的一员，部分原因是他小说的纯粹性被商业上的成功玷污了，另一部分原因是狄更斯作品的喜剧性使他的小说缺乏同时代作家的严肃感。

所以，如果狄更斯能够兼顾伟大的艺术和大众读者，我们为什么要容忍那些占据尼尔森电视收视率排行榜顶端的低俗作品呢？我相信答案是，自狄更斯时代以来，"大众成功"的定义已经悄然改变了。英国人口约为 2 000 万的那段时间里，狄更斯的连载小说年销量大约是 5 万册。[1] 如果狄更斯的潜在读者是美国如今的 2.8 亿人，那么他的第一部小说就能卖出 80 万册。而如今电视上最流行的创新节目，比如《白宫风云》《24小时》《辛普森一家》《黑道家族》，往往能吸引 1 000 万～ 1 500 万观众。

因此，按这个标准衡量，《白宫风云》的"读者数量"大约是狄更斯的 20 倍，更不用说在狄更斯的时代，他想要吸引读者时并不需要与其他大众传媒对手竞争，那时既没有电视，也没有广播和电影。也难怪狄更斯能够说服他的读者接受其修辞创新。在他那个时代，狄更斯拥有的人均读者数量比例，可能只够让他们在电台上的"经典剧场"栏目收听广播版《荒凉山庄》。按照维多利亚时代的标准，他的读者人数众多，在他以前，没有真正的文学作家吸引过那么多读者；但以现代标准来看，他只是在为精英写作。

　　以现代的标准来看，狄更斯也许不算一个大众作家。但你也不需要追溯太远，就能找到一个既在大众文化里获得认可，又在自己的小众领域里尤为复杂微妙的例子。像《雷神之锤》（Quake）或《毁灭战士》（Doom）这样的暴力视频游戏往往会主导主流媒体对游戏的讨论，但事实上射击游戏在畅销作品榜上有名是非常罕见的。史上占据排行榜主导地位的两种类型都是复杂模拟型游戏：一类是体育模拟游戏，另一类是像《模拟城市》或《帝国时代》这样的上帝视角游戏。有史以来最流行的游戏是家庭人物传奇《模拟人生》（The Sims）。在《模拟人生》中，最接近暴力冲突的情况，无外乎是在你的虚拟角色无法支付每月账单的时候。体育模拟游戏已经达到了非常复杂的程度，使得我在孩提时代探索的骰子棒球游戏看起来就像井字棋一样简单，这种复杂不仅体现在接近照片的逼真图形上，也反映在玩家控制和模拟游戏最微观方面的能力上。日本世嘉的《世界棒球大赛2K3》让你拥有一支完整的队伍并进行管理，包括交易球员、培养小联盟球员、商议薪酬和签约自由球员。至于社会和历史方面的模拟程度，只要回想一下我侄子在玩《模拟城市》游戏时，学习工业税影响的情景就够了。暴力游戏可能引发最强烈的愤怒，但人们排队争相购买的游戏却最需要思考。不知何故，在这个注意力缺失且人们的即时满足大行其道的时代，在这个充斥着无端暴力和廉价挑逗的时代，最具智力挑战的事物却也最受欢迎。而且随着时间推移，它们将变得越来越具有挑战性。

## 一场场不断升级的益智锻炼

这就是睡眠者曲线所展示的图景。[2] 游戏迫使我们去使用"探寻模式"和"嵌套模式"。电视节目促使大脑"主动填充"，或者锻炼情商。互联网软件促使我们"前倾参与"，而不是"后仰接受"。但是，如果流行文化的长期趋势是变得越来越复杂，那么是否有证据能表明，我们的大脑也反映出这种变化呢？如果大众媒体提供了越来越严格的益智锻炼，那么是否有任何经验数据表明，我们的认知肌肉也会随之增长呢？

两个字回答：是的。

# EVERYTHING BAD IS
# GOOD FOR
# YOU

第二部分

## 从认知破圈，
## 流行才能不断引爆流行

在尼采的永恒轮回理论中，他是这样说的：我们将以完全相同的方式度过来世，永不停息。太好了。这么说我又不得不坐下来看一遍"白雪溜冰团"的演出了。

——伍迪·艾伦

# 05

更大的认知需求，更多的流行引爆点

EVERYTHING
BAD IS GOOD
FOR YOU

20 世纪 70 年代晚期，美国哲学家詹姆斯·弗林（James Flynn）开始研究智商（IQ）数值的历史，试图对备受争议的学者阿瑟·詹森（Arthur Jensen）所进行的研究发起挑战；詹森的研究之后影响了一部更具争议性的图书：《钟形曲线》（*The Bell Curve*）。詹森的研究显示，白人与黑人的 IQ 分数是有鸿沟的，而这鸿沟并不归因于教育或成长环境。弗林虽然没有受过这个领域的专业训练，但他决定加入这场论战，证明 IQ 测试里的文化偏颇之处比詹森认为的还多，IQ 分数显示的种族鸿沟只是历史发展的副产品，而不是生物学的结果。弗林的调查追溯到了美国内战记录，记录清楚地显示半个多世纪以来，非裔美国人的 IQ 分数有着显著的增长。乍看之下，这一趋势能支持他驳斥詹森的论点：因为非裔美国人比以前更能取得教育资源，他们的 IQ 分数也随之提高。

但当弗林筛查数据时，他的期待受到了挑战。黑人的分值上升了，这点没错；但白人的分值上升得一样快。整体来说，美国人不管身处哪个阶级、属于哪个种族、受过何种教育，都变得更聪明了。如果弗林将这一变化量化，那么在近 50 年里，美国人的平均 IQ 分数提升了 13.8 分。

长久以来，这一趋势都无人注意，因为 IQ 测试机构会定期将测验常规化，以确保智商中等的被试拿到 100 分。因此每隔几年，这些机构便会检视 IQ 分数、调整测试，以确保中位数是 100 分。IQ 机构并不知道，他们以缓慢但稳定的步伐增加了考试的难度，就好像慢慢增加跑步机的速度一样。如果你单看历史记录，IQ 分数似乎是正确的，过去一个世纪以来都没有变化；但如果你把考试难度考虑进去，那么结果就完全不同：被试越来越聪明了。

许多人认为，近年来持续发展的脑科学和社会学已经揭穿了 IQ 测试的真面目；就某种程度上来说，的确如此。揭穿主要在于两方面：一是环境状况容易影响 IQ 测试的结果，难以在测试中显露原始的 "先天智商"；二是 IQ 测试所评量的智商只反映了人类智商的一部分。这些反对意见是正确的，但并不会在任何方面撼动 "弗林效应"；事实上，反而会让它更耐人寻味。

世界上存在多种智力类型，而 IQ 测试只能衡量其中几种：例如，所有传统的 IQ 测试都完全忽略了情商。弗林效应提供了许多无可争议的证据，表明 IQ 由环境塑造的比例很大，因为单就基因来看，我们无法解释为何这么短的时间内会有如此大幅的智商增长。《钟形曲线》一书指出，非裔美国人跟白种美国人比起来，平均 IQ 分数较低。这种个人或群组间 IQ 分数的比较遭到了批评者的反对，而后者是有真凭实据的：因为 IQ 并不是真实世界中智力的唯一衡量标准，也因为 IQ 分数的差异由多种环境因素造成。所以，在评量各种智力时，例如不同种族的智力水平，甚至是大学升学条件里，要求 IQ 分数的意义并不大。

为什么 IQ 分数对于"睡眠者曲线"来说，是有意义的？这是因为引发同一世代间差别的因素，和引发不同世代间差异的因素是不同的。当我们检视 1975 年以来的黑人和白人的 IQ 测试结果，并解释这些分数之间的差异时，会发现其中的差异是很模糊的：每个群组都由不同的基因与不同的环境组成。但当你检视不同世代间的 IQ 分数时，情况就变得很清楚。不管群组间有着什么样的基因差异，这种差异都已消弭无形，因为我们看到的是整个社会的平均 IQ。同世代的基因库没有改变，但数值却是渐次上升的。那么一定是有些环境因素或多种因素的结合，造成了 IQ 数值中某些特定智力的上升，这些特定的智力包括：解决问题的技巧、抽象理解能力、模式认知、空间逻辑等。

心理学家、社会学家以及心理测量学方面的专家曾用整整 20 年的时间来研究"弗林效应"；关于 IQ 数值增加背后的终极成因，人们仍争论不休，但 IQ 分数增加的趋势却鲜有人问津。在 20 世纪，大多数发达国家的 IQ 数值都有显著的增加：平均每 10 年会增加 3 分。不少研究都指出，这个速率正在加快：以荷兰来说，自 1972 年到 1982 年间的 IQ 数值就增加了 8 分。这几分听起来不多，但分数的积累是很快的。想象一下：1920 年 IQ 分数名列前 10% 的一位美国人穿越时空到 2000年，并参加 IQ 测试，那么根据弗林效应，他的 IQ 分数属于倒数 1/3 那群人。昨天的天才，却是今天的傻瓜。

弗林效应的一小部分可以归功于被试对于 IQ 测试变得更熟悉。但正如弗林效应所指出，即使你连续几次参与同样的 IQ 测试，最多也只能增加 5 ～ 6 分。IQ 测试的全盛期是在 20 世纪中叶。过去 30 年来，即使举办 IQ 测试的单位越来越少见，IQ 分数还是不断地加速增长。

营养更丰富也不是影响弗林效应的因素。幼童时期吸收营养对长大后的身高有着绝对的影响，而在过去两个世纪里，大多数进入工业化的国家的国民平均身高都有所增长。但在美国和欧洲，增长的趋势在第二次世界大战后的几十年里已经持平，据推测这与孩童营养不再增加的趋势有关；而我们可以看到战后 IQ 分数突然提高。如果更好的营养条件可以让我们的脑袋更聪明，我们就会看到身高与 IQ 分数会同步增长。我们也会看到心智功能的全面提升，而不是只有 IQ 逻辑测试分数有所增加。然而，在衡量过去 40 年课堂上教授的科目，例如数学或历史时，学生的表现不是持平，就是更差。这也表明更好的教育系统并不足以解释弗林效应。几十年来，不断有报道指出美国教育体系如何导致了低下的学习分数，数据被一次又一次地引用来批评公立教育的失败。这些抱怨都是正确的，因为关于真实世界中的成功，这些指数都是很重要的衡量手段。但在这些不好看的数字背后，有个奇异的正面趋势不断发展：就解决难题来说，我们的确越来越聪明了。

如果这些认知上的升级并不来自我们的饮食或课堂，那是从哪里来的呢？[1] 现在答案应该不证自明。不是更营养的饮食让我们变得更聪明，而是滋养我们脑袋的东西让我们更聪明。想想几百年前的 10 岁小孩，他们在学校以外体验的认知劳动和游戏，即：能读到的书本、简单的玩具、和邻居小朋友玩的即兴游戏（例如棍球或踢罐子），以及大部分小孩都得承担的家务，甚至是成为童工。相较之下，现在 10 岁小孩所精通的文化与科技活动则是：关注几十支职业球队；来回于手机、短信、电子邮件间和朋友通信；在浩瀚的虚拟世界里遨游探索；无所畏惧地使用新科技并能自行解决问题。生活水平提升之后，孩子和他们的祖父辈比起来有更多时间来探索更多样的事物。教室可能太过拥挤，老师薪水太低，但离开学校后，孩子的大脑就会接收到各种新媒体、新科技，这让他们培养出繁复的解决问题的技巧。

从实际生活来看，每个有小孩的家庭，都有个笑料可供谈资：小孩知道如何设定录像机来录制节目，可有着高等学历的双亲却不知道要怎么设定闹钟。如果我们只把这类技能看成粗浅的技术知识，那也太快下定论了。即时学习复杂系统的规则并采取行动的能力，是一种直面真实世界的天分；就像学习如何看懂国际象棋棋局一样，这种技巧的内容并没有其背后的通则那么重要。当你家的 10 岁女儿试着把 7 个遥控器整合为 1 个的时候，她可是在坚持锻炼解决问题的肌肉，和她在学校学的东西比起来，这锻炼不遑多让。你希望孩子设定家庭影院，是因为其中包含了结构性的正向思考过程，而不是希望孩子日后可以在家电城里工作。

社会心理学家卡米·斯库勒（Carmi Schooler）将弗林效应视为对

环境复杂度的一种映射:

> 环境的复杂度是由环境的两种特质共同定义的:刺激和需
> 求。刺激越多样,决策的数目就越多,做决策时要考虑的东西也
> 就越多;而定义错误和明显相悖的意外事件越多,环境就越复
> 杂。当环境复杂到需要人们付出认知上的努力时,人们会更有动
> 力发展出更智慧的能力,并把认知过程的结果一般化到其他情
> 境里。[2]

当然,环境的复杂度并不限于媒体;但斯库勒提出的特质精准地描
述了睡眠者曲线的轮廓:首先,媒体(例如游戏和其他互动方式)的兴
起使得使用者在每次变化时都得做出决策;电视和一些电影里,社交和
叙事的复杂度都有所增加;流行娱乐给人们成瘾般的奖励。所有这些因
素加在一起,强行制造出一种环境,使人增强了解决问题的能力。

当然,现代社会复杂程度的其他表现形式也可能是个因素:根据斯
库勒的定义,城市的环境比起乡村来更为复杂,因而工业时代移居到城
市的群体也在弗林效应中占有一席之地。但大多数的工业化国家在第二
次世界大战之前,就已经历过移民潮;战后的潮流则是近郊地区的移
动。因此 IQ 分数最显著的高峰(也就是我们过去 30 年间所看到的)极
有可能是由其他原因驱使的。

# 流行文化驱动认知升级的三种趋势

弗林效应和大众媒体之间的联系只是一种假设，但有几个理由让我们相信，联系是存在的。随着对弗林效应的研究渐趋深入，三种重要的趋势浮现出来，这些趋势与我之前描述的流行文化的发展相符。**第一种趋势是一般模式：IQ 分数的提高与文化复杂度成正比。但在仔细探究了 IQ 分数后，研究者从资料中发现第二种趋势：与能反映教育背景的技能测试（例如数学或文字适应性测验）所得出的结果相比，历史数据涨幅惊人。**

弗林效应在被心理测量学家称为"g"的测试中表现得最为明显，"g"是衡量"流动"智力最佳近似值的指标。测试"g"时，通常不使用文字和数字，取而代之的是，提问完全依赖图像，以测试被试的图像认知能力，基本形状和物体模式的组合认知能力。图 5-1 是瑞文标准推理测验（Raven Progressive Matrices Test），你需要从 8 个选项中选择正确的形状填空。

g 分值在弗林效应中的中心地位很能说明问题。如果你看看主要受课堂影响的那些技能的智力测试，例如韦氏词汇或算术测试，就会发现，智力的繁荣已然消失；在过去的几十年里，SAT 的分数一直有波动。但是，如果你只看未经教育的解决问题能力和模式识别技能，进步的趋势就会变得引人注目。在这些同时出现的趋势中，藏有一些令人疑惑的信息：如果 g 分值存在于文化真空中，分数怎么会以这样的速度增长呢？更令人困惑的是，这类分数怎么会比其他反映教育水平的智力指标上升得更快呢？如果你假设，这些一般性的解决问题的技能，的确受到某些文化的影响，但不是我们通常所认为的使人变得更聪明的那一部分文化，那么这种神秘感就消失了。人们解决问题的能力是与流行文化互动的结果，随着时间的推移，流行文化变得更有挑战性。若你在业余时间与媒体和技术互动，迫使你"主动填充"并且"前倾参与"，那么你正在开发的技能，将最终转化为更高的 g 分值。我想对那些对自己在该方面的技能感到好奇的人说一句，此处瑞文测验的正确答案是 8。

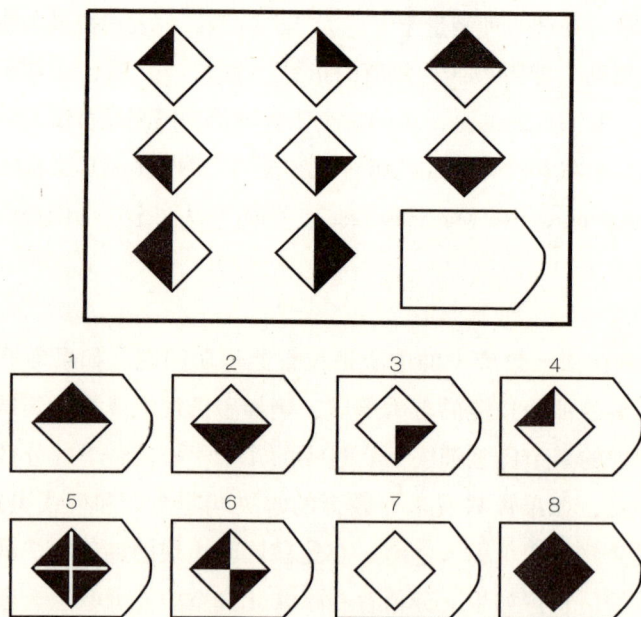

图 5-1　瑞文标准推理测验

让我们考虑一下在瑞文标准推理测验中必须要做的事情。首先，信息是用视觉语言呈现的，而不是文本语言。确切地说，你需要"填补"空白的空间并完成序列。记忆或拥有巨大的词汇量在这方面毫无帮助；你必须密切关注网格，通过检测每个对象的模式，将相关信息从无关信息中分离出来，从而完成这个测验。实际上，你会看到一个潜在线索的网格，这些线索暗示了空格中应该包含什么；这些线索被定义为一系列关系：每个形状以微妙的方式与网格中的其他形状连接。为了解决这个难题，你必须掌握垂直和水平轴上基本形状之间的关系，从左到右、从上到下，还要把前两个形状中的黑色部分叠加在一起，从而得到第三个形状的正确填色。但在这道题中，斜轴是不相关的。从这个意义上说，这道题有一个开放式的答案：解决方案的一部分在于找出问题的哪些要素是相关的，哪些是转移注意力的。当你问别人密苏里州首府是哪座城市，或 128 的平方根是多少时，就没有必要解析问题，也不需要确认哪些成分是相关或不相关的：你要么通过死记硬背掌握信息就够了，要么知道提取数字平方根的方法。但是瑞文标准推理测验中的网格，迫使你从问题本身分离出本质信息和边缘信息。

在过去的几十年里，这种想法已经在大众媒体中广泛传播。当然，游戏很大程度上依赖于这种模式识别和解码过程；有些益智游戏，比如俄罗斯方块，甚至看起来就像瑞文标准推理测验。当你绘制《24 小时》中复杂的人际关系图，以找出暗线时，你就像是在做一个"瑞文网格"的社交网络版谜题：寻找行为模式信息，以揭示隐藏身份。当你试图弄清楚为什么你的新电子邮件客户端总是让电脑崩溃时，你是在分析一组潜在的线索，将本质线索从外围线索中分离出来，从而找出潜在的冲突。在所有这些活动中，你必须分析复杂的场景，在头脑中建立一个可靠的模型，然后做出决定。从最基本的意义上说，这些不同形式的媒体会因为你解决了某个难题而回报你。

像瑞文标准推理测验这样的测试对解决抽象问题的强调，最初源于一种愿望：希望创建一种不受文化偏见影响的测试。让人们在脑海中旋转矩形，要比让他们分析有关开国元勋之类的文章更好，因为后者总关联着文化赋予的事实和技能，有利于某些特定的人群。曾几何时，后者这类测试可能也是有效的，因为那时没有文化团体过分强调"在脑中旋转、倾斜270°"的意义，但近年来，这一切都发生了改变。一组新的人群出现了，他们整天都在不停地旋转矩形，在睡梦中也在旋转矩形。这个群体并没有按照通常所说的经济、种族来划分。他们不是预科学校的精英，不是日裔美国人，也不是城市的下层阶级。他们是玩《俄罗斯方块》游戏的孩子。

IQ 历史上的第三种趋势，反映了我们所探索的流行文化的趋势。弗林效应在智力得分的中低区间最为显著。在智商的高分段，也就是前 2% 或 3%，曲线趋于平缓。今天拥有中等智力的人比 100 年前中等智力的人更聪明，至少就 g 数值来看是这样；但如今一个智商为 150 的门萨会员，是不会比 1900 年的天才聪明多少的。这正是我们希望看到的：如果低俗文化和中庸文化是弗林效应背后的推动力量，那么一个中等智力的人可以通过玩《塞尔达传说》或研究《24 小时》中的情节来提高其模式识别能力，而一个天才可能需要通过更有挑战性的事情来提高自己的技能。花一星期时间复习乘法表肯定能提高一个四年级学生的数学能力，但却不能提高一个大学物理专业学生的数学能力。大众媒体和 g 数值亦是如此。睡眠者曲线显示，大众文化正变得越来越复杂，但它还没有复杂到足以挑战那些最有天赋的头脑，这就是为什么天才们并没有变得更聪明。大众文化提供的认知锻炼所带来的变化，针对的是我们这些不是天才的普通人。

科学只是刚刚开始了解这种锻炼的实际需要。虽然许多研究分析了电视暴力对行为的影响，但都还没有达成明确的共识。而当前媒体对人们心理的积极影响尚未得到广泛研究。[3] 但最近的一些研究关注了玩电子游戏对视觉智能和记忆力的影响。罗切斯特大学（University of Rochester）的一项研究要求被试进行一系列快速视觉识别测试，选出字母的颜色或数出屏幕上的物体数量。[4] 这个测试不像瑞文网格那样复杂，但它对时间要求更高。对于这项研究所测量的所有技能，经常玩游戏的人总是比不玩游戏的人表现得更好。研究人员还推翻了一种假设，即视觉智商高的人更容易被电子游戏所吸引。他们让一组不玩游戏的人花一周时间沉浸在俄罗斯方块和第二次世界大战题材的游戏《荣誉勋章》（Medal of Honor）中，发现这组人在视觉测试中的表现也有所提高。游戏让他们能够更清楚地感知世界。

近期的另一项研究调查了三组白领人士：铁杆玩家、偶尔玩游戏的人和不经常玩游戏的人。[5] 得出的结果几乎与所有关于游戏影响的观点相矛盾：游戏玩家反而更热衷社交，更自信，更乐于用创造性的方式解决问题。比起不玩游戏的人，他们也没有显示出注意力难以集中的迹象。

这些早期的研究很吸引人，但这仅仅是个开始。由于我们长期被"低能化假说"影响，倾向于将这些新的文化形式视为堕落的文化形式，以至于除了弗林效应的宏观趋势之外，我们很少看到关于新型文化形式对大众产生积极影响的数据。我希望我们能学会欣赏其中的一些优点，即关于游戏对探寻能力和在复杂环境中嵌套思维的影响，或者关于追剧和我们探索社交网络能力之间的关系，相信我们很快就会看到这方面的研究。在此之前，关于睡眠者曲线最令人信服的证据是来自数据方面的：30 年前复杂得难以为大众所理解的游戏和故事，如今却吸引了数百万意志顽强的爱好者。很明显，这些人的思维已经发生了某些变化，使得他们不会因为这些复杂经历而感到困惑不解。而现在，是时候弄清楚到底是什么发生了变化。

对于自己发现的趋势，弗林的立场本身就是反传统的。一方面，他仍然非常相信 30 年前驱使他走上这条研究之路的最初设想：智商比以前所认为的更容易受到环境状况的影响。2001 年，他曾与人合著了一篇关于文化与遗传相互作用的精彩论文，解释了为什么先前的研究显示智商遗传相关性很高，却忽视了环境因素。如果环境因素是导致过去 50 年智商提高的原因，那么下一个合乎逻辑的问题是：在这段时间里，环境发生了什么变化？在弗林效应最为显著的工业化时代，答案很简单：媒体和技术。我们的饮食没有改善；我们的学校更加拥挤，教育经费更少；我们的生活环境越来越郊区化。但是，在这段时期，我们的头脑每天都在应对媒体和技术，在个体的复杂性和整个生态系统的多样性方面，媒体和技术都以极快的速度增长。《24 小时》的情节比《天网》的情节更挑战思维，而掌握几十种新媒体形式，比如游戏、超文本、即时消息、TiVo 数字录像机，则是当今主流文化的一大挑战。

然而，弗林自己也产生了误解。他认为弗林效应不仅推翻了智商的遗传因素，也推翻了智商与现实中智力之间的相关性。他写道："就像拥有巨大智商优势的精英应该从根本上超越同时代的其他人一样，拥有巨大智商优势的一代人也应该从根本上超越其前一代人……最终应该会引发一次伟大的文化复兴，伟大到难以让人忽略。"[6]然而，我们并没有看到"当代天才或数学及科学发现显著增长"的证据。如果智商可以提高，但文化不是，那么智商就不能像它的支持者认为的那样，是一种有用的智力衡量标准。

本书探讨的是流行文化而非科学历史，所以我将把弗林关于数学和科学发现状态的主张留给其他人去更详细地争论。简单来说，大脑成像、基因图谱和微芯片的时代与过去的时代相比已经相当不错了——尤其是当你看到贡献开创性工作的个人的绝对数量在大大增长，而不像过去那样只有少数孤独的天才。但是，在对文化复兴这一概念进行讨论时，弗林关注的是钟形曲线的边缘，而很多学者和空想家也是如此。正如我们所见，弗林效应在中游地带最为明显：过去几十年里，普通人的智商增幅最大。不管你觉得这样说中不中听，普通人都不会引发科学革命或文化复兴。普通人思维的敏捷程度，是无法用智力成就来衡量的。相反，我们应该在其他地方找寻这种进步：在日常生活中，管理更复杂的技术形式，掌握越来越先进的叙事结构，甚至玩更复杂的电子游戏。我们应该在睡眠者曲线领域里寻求这种改善。弗林说得对，如果智商的普遍提高确实能够衡量智力的增长，那么文化复兴指日可待。只是这种文化必然是大众的，而不是精英的。

## 更广的深度，更多的参与

如果不断上升的 IQ 分数和电视收视率表明，睡眠者曲线正在对我们的智力产生有益的影响，那么还有一个关键问题有待解决——为什么首先出现的是复杂性增加的这种趋势呢？流行文化迎合了我们的本能，这是一个几乎举世公认的事实；大众社会正在逐渐简化、通俗化，逐底竞争。罕见的"精品节目"昙花一现，更是提醒我们整体的下滑。然而，不管这个论调被重复多少次，它依然模糊不清。正如我们所看到的，恰恰相反的情况似乎正在发生：普遍的趋势是更高的认知需求、更广的深度、更多的参与。如果你接受这个前提，就不得不回答这个问题：为什么 10 年来，"逐底竞争"一直是大众社会的热力学第三定律：在其他条件相同的情况下，流行文化将会退化为更简单的形式。如果事实证明这一热力学函数不能控制大众社会，如果我们的娱乐活动变得越来越智能，那么我们就需要一个新的模型来解释这一趋势。

这个模型必须是复杂的、分层的。驱动睡眠者曲线的力量跨越了三个不同的领域：经济、技术和神经学。部分睡眠者曲线反映了塑造大众娱乐的市场力量的变化；部分源自长期的技术趋势；还有一部分来自人类大脑中根深蒂固的欲望。

**睡眠者曲线的部分动力来自"重复"的力量。在过去的 20 多年里，一个根本性的转变改变了大众娱乐的经济状况：初版的利润比不上再版。**在过去，电视和好莱坞，收入都源自电视网络上的首次播出或者票房。后续的市场则非常微不足道。但录像机和有线电视对市场的联合垄断，已经彻底改变了这种平衡。2003 年，好莱坞从 DVD 销售中赚的钱首次超过了票房收入。[7]同一时期，被改编成 DVD 的电视节目的销售额就超过了 10 亿美元。辛迪加模式[①]的经济回报是天文数字，像《辛普森一家》和《白宫风云》这样的电视剧在最初的网络电视播出时，给它们的创作者带来了丰厚的回报，但真正的财富来自它们首播之后的重播。辛迪加模式已经改变了电视节目构思和制作的基本经济学，因为辛迪加运营的回报远比最初播出的节目要丰厚得多。地球上每个地方的电视频道，只要播放一集《宋飞正传》，就要向杰瑞·宋飞、拉里·戴维以及该剧的其他主创们付费。这些通过辛迪加模式获得的费用让人瞠目结舌：宋飞和戴维从辛迪加模式的转播权中总共赚了数亿美元，而在

---

① 辛迪加模式：一种资本主义垄断组织的基本形式，它是指同一生产部门的少数大企业为获取高额利润，通过签订共同销售产品和采购原料的协定而建立起来的垄断组织。——编者注

NBC 当年播出的第一版节目中，他们的收入只是这数亿美元的一小部分。电视台让米尔顿·伯尔和鲍勃·霍普这样的喜剧演员成了百万富翁，辛迪加模式则让今天的喜剧演员成为千万富豪。

"重复"的经济效益与睡眠者曲线有何联系？辛迪加模或 DVD 销售的优点不在于经济回报本身，而在于处于更大的娱乐生态系统中的这种回报创造的新选择标准。如果最终的目标不再是一次抓住观众的注意力，而是通过重复观看来保持观众的注意力，那么这种转变必然会对内容产生影响。电视行业的辛迪加模式意味着一件事：普通电视观众能够轻易把某集电视剧反复看 5 遍甚至 10 遍，而不是像在"三巨头"时代那样，只有机会看个一两次。那些在辛迪加下大获成功的节目之所以能做到这一点，是因为它们可以连续播放 5 遍，而不会让人觉得乏味。要保证观众乐意观看 5 次，就必须增加复杂性，而不是减少复杂性。人们通常把重复播放与大众文化的低能化联系在一起，但事实上，重复播放使大众文化变得更聪明。辛迪加模式也促成了另一种电视节目趋势，这种趋势对于睡眠者曲线而言是中性的：观众在电视上看到重播的节目时，经常会遇到不按顺序播放的片段，这与 DVD 选集的顺序观看模式不同，因此可以重复观看的市场也繁荣起来。这在新一代悬疑剧中便可见一斑，比如《法律与秩序》和《犯罪现场调查》。总的来说，这些电视剧的情节比《天网》和《侦探科杰克》（Kojak）要复杂得多，但是它们坚持在每一集最后都要有完整的故事结尾，这必然会限制它们的复杂性。

　　"重复播放"的作用只会逐年加深。任何一集成功的电视节目在辛迪加模式下播出时的观众数量都将超过首次在网络电视上播出时的观众数量。随着观看范围的扩大，终有一日，你有机会在任何时间观看电视历史上播放过的任何一个节目，成功的剧集必须能够经得住反复观看，而那些单一肤浅的剧集将很快为人厌弃。《宋飞正传》和《辛普森一家》在辛迪加模式中获得的成功，让你在任何一天，都有可能在本地有线电视供应商的推送下看到这些剧集，这表明这一规律已经在起作用了。从真正意义上说，这是对电视节目传统观念的颠覆。如果某部剧只能观看一次，那么采用最低的衡量标准约束电视剧就可以理解了。但如果要保证电视剧经得起反复播放，就要冒险进入更具挑战性的实验领域，并从中获得回报。

　　若想理解这种转变的重要性，你只需倒带至20世纪70年代末，那个电视上播放着《乔安妮喜欢查奇》（*Joanie Loves Chachi*）的黑暗时代，仔细思考黄金时段节目制作的主导原则。NBC高管保罗·克莱因（Paul Klein）将这一理念称为"最不招人反感的节目制作"（LOP）理论：

　　　　我们只有在那些熟悉的观众之中才能生存，所有的节目都只有一个要求，就是面对这一部分观众，做到最不招人反感。当你播放一部剧时，你就会立刻从中分得利润。你得到你的32份……这大约是网络电视观众的1/3，其他电视台得到他们的32份。我们开始时都是平等的。然后，我们可以通过竞争对手的失败来获得更多收益——他们的节目招人反感，所以如果我们的不那么令人反感，人们就会来看我们的节目。又或者，我们插入的一些小"把戏"有可能让我们失去观众……思想，不看；说教，不看。剧情剧就很好，这里加些泪点，那里放点情怀，就很好。非常积极阳光，最不令人反感。我的工作是保持我的 32 份市场份额，而不是在宣传或概念上导致任何观众的流失，以确保节目在竞争中没有任何损失。[8]

LOP 是一种纯粹的"逐底竞争"模式：制作的节目要以分钟和秒钟为尺度，因为这一理论的支持者担心即使像这类最轻微的挑战（比如"思想"或"教育"），也会把观众推向其他电视网。如果把 LOP 和《黑道家族》运用的模式——"最值得重播的节目制作模式"（MRP）做对比，你会发现 MRP 节目是以年为单位设计的，而不是以秒为单位。MRP 模式中最成功的节目，播出三年后你可能还是想看，尽管已经看过三遍。MRP 模式注重细节和深度：它包容那些"把戏"，比如倒叙手法的运用和对好莱坞电影的频繁致敬。就在克莱因发表演讲的几年后，尼尔·波兹曼宣布了电视节目的两条黄金法则："不应该强求预备知识"和"不应该使人困惑"。如果你忽略了《山街蓝调》和《波城杏话》中有所变化的叙事技巧，那波兹曼当时说得也没错。但 20 年后，许多电视史上最受欢迎的节目又开始标榜这些原则。

"重复播放"的渐进效应在涉及销售而非租赁时尤为明显。如果你试图说服观众购买一部作品，而不是简单地借用他们 30 分钟的注意力，那么最成功的作品通常是那些你预计自己能在 4 年里连看 5 次的作品。

《白宫风云》和《黑道家族》等电视剧的 DVD 版销量超过许多热门电影，这并非偶然。如果你是为了永久收藏而购买一件娱乐产品，你不会只想要即刻的满足；你想要的是能让你更仔细审视的佳作。如今，DVD 销售在好莱坞的销售份额中占据了如此重要的地位，这一事实将天平从那些叫座的大片，倾向了影迷们会永久收藏的经典。想想韦斯·安德森（Wes Anderson）的电影，或索菲亚·科波拉（Sofia Coppola）的，或大卫·林奇（David Lynch）的，或昆汀·塔伦蒂诺（Quentin Tarantino）的。他们可能会在票房上亏钱，但他们会在 DVD 销售上获得可观的利润，而且由于预算较少，他们不会像那些想要一举成名的大片那样面临大规模失败的风险。从电视和电影行业的经济角度来看，根本的转变是从"现场"到收藏厅的转变。电影公司现在流行销售资料馆里的馆藏旧作，不管是制成怀旧 DVD 还是采用辛迪加模式；他们精心制作新的电视节目，使其足够复杂，值得在消费者的家庭媒体收藏列表中占有一席之地。最终，从"首播"到"收藏"的转移促成了从"最不招人反感"到"最值得重播"的转变。

像《记忆碎片》和《美丽心灵的永恒阳光》这样极其复杂的故事之所以获得成功，就是 MRP 模式渗入好莱坞的例子。《美丽心灵的永恒阳光》的编剧查理·考夫曼在接受查理·罗斯采访时，讲述了自己的写作哲学，他的叙述与保罗·克莱因的 LOP 理论反差鲜明：

> 我想我对电影的看法是，我觉得电影是一种死气沉沉的媒介。剧院里的戏，可能会有意外发生，演出方式也会改变；但电

影是一种记录。所以我尝试做的是在我的剧本中注入足够多的信息，这样在反复观看的过程中，你会有不同的体验。很多电影线性地描述一件事，并在结尾交代一切。而我试着与观众展开对话。我想这就是我要做的：我要和每一位观众进行对话。

考夫曼说得很对。不仅是在重复播放获得回报的意义上很对，在与观众进行"对话"的观念上也颇为正确。对话是双向的，是参与性的。但是你如何使用"死媒介"来创造对话呢？要做到这一点，你要让观众的思想活跃起来，让他们前倾参与。你要创造错综复杂的情节和精妙的暗示，让人不得不在第一次观看时就要努力去理解。到最后，观众还需要倒带再看一遍，只是为了搞清自己漏看了什么。

如果想要设计出一个能被反复观看几十次的体裁，就需要运用上面说的 MRP 模式，这在儿童电影中可见一斑。因为儿童更能容忍"重复播放"，儿童的父母也对任何能让孩子聚精会神的东西非常宽容，好让他们自己能有片刻空闲忙于家务。因此儿童电影 DVD 和录像带市场一向体量巨大。仅皮克斯一家就从《玩具总动员》和《怪物公司》等热门影片的 DVD 销售中赚取了数十亿美元。在这个市场中，能够让孩子观看 10 ～ 20 次（当然多多益善）的作品，便可以创造出巨大的财富。因此，随着经济激励机制发挥作用，我们应该会看到一条强劲的睡眠者曲线，促进故事的复杂性和深度。

事实上，这正是我们在过去几十年里对儿童电影的早期分析中所看到的。与其说"尽管《海底总动员》内容非常复杂，但它还是成为有史以来 DVD 销售最快的儿童电影"，不如说"因为它的内容非常复杂，所以才成了有史以来 DVD 销售最快的儿童电影"。每当流行文化把它的经济刺激从"热销一时"转向"长期重复"，相应的质量和深度的增加就会随之而来。

电子游戏从嘈杂动感的街机游戏，到需要耐心和深入思考的深邃作品这一转变，成为"重复"作用的最好例证。稳居销售排行榜前列的游戏几乎都是那些百玩不厌的游戏：《帝国时代》《模拟人生》《侠盗飞车》。这些游戏没有固定的叙事路径，却因其不断调整的复杂度，使人忍不住一直玩下去。体育模拟类游戏，让玩家能够重复体验不同赛季的全新球队阵容，或从不同的时代选取球员，组成球队。**结局明确的游戏在游戏经济中的价值较低；游戏的开放性和可重复性越高，它就越有可能取得突破性的成功。**

最值得重播的节目制作模式，在道德哲学史上有一个奇怪的前提：尼采的"永恒轮回"思想，这是他针对基督教道德提出的替代模式。尼采没有以永远的诅咒来威胁人们去做正确的事情，而是提出了另一种结构神话，在这种神话中，我们的生命将会无限重复。如果我们在这一生中犯了错误，我们就会生生世世一直犯下去，这可能最终会鼓励我们从一开始就不要犯错误。自从尼采提出这一观点以来，伦理学家和哲学家一直在争论它作为道德指南的价值，但还没有得出一个明确的定论。不过，作为创造高质量流行文化的指导原则，永恒重复是很有意义的。每一部作品，都应该制作精良，都应该值得反复观看，那么我们的文化就会变得更有趣、更有挑战性，你还有可能从中收获财富。

# 重复观看的红利

当然，技术创新极大地促进了睡眠者曲线的形成。首先，在过去30年中引入的大多数媒体技术，实际上都采用了重复引擎机制，成为帮助你倒带、重放、重播的工具。现在回想起来似乎很不可思议，但就在30年前，如果电视观众想再看某一集电视剧，或者想再听一遍他们错过的某段对话，那么他们几乎没有其他的选择。如果你想再看一遍《玛丽·泰勒·摩尔》中"咯咯笑的小丑"那一集，就得等上6个月，直到哥伦比亚广播公司（CBS）在夏季档重播这部电视剧，如果还想看，就得再等上5年，直到这部电视剧通过联合配销模式播放。从那以后，变化是如此深刻，以至于很难让人们记起，电视在其前半生曾是一种纯粹的即时媒介：屏幕上出现的东西从你身边飞逝而过，就像现实世界中的事件一样无法挽回。难怪电视网如此害怕带来挑战或混淆视听；想想看，如果这部剧第一次播放时没有让观众看明白，那就这样吧，不会再重播了。

随后，放慢或倒放的工具越来越多：首先是录像机，它与《山街蓝调》在同一年问世；然后是有线电视频道的爆炸式增长，在任何时候都有数十个节目同步播出；15年后DVD出现；再之后TiVo问世。现在，

"随选随播"的有线电视频道允许观众直接从选项菜单中选择节目，也允许观众暂停和回播节目。现在，观众在自己的私人收藏夹中收藏经典电视剧，他们的 DVD 盒排列在客厅的书架上，就像以前那些三卷本的小说一样。通常随着这些 DVD 一起打包的，是其中的补充信息，后者更增加了它们的重复播放的潜力。如果你厌倦了最初播放的版本，就可以看看未删减版，或者听听导演的合成音轨录音。

这些激增的新录放技术通常被描述为便利技术，就像 TiVo 老广告里说的那样：想看就看，随时观看。如果你想看《黑道家族》，但 HBO 的网络节目时间安排并不合你意，不用担心，只要按需购买，或使用录放机，或用 TiVo 录制观看，或在这个星期晚些时段的 HBO2 台观看就可以了。毫无疑问，便利性是一个重要的卖点，但这项技术还有另一个值得称赞的副产品：它有助于近距离赏析。《黑道家族》的粉丝们想要剖析每一个场景，寻找微妙的参照和隐藏的含义，他们便有成堆的方法可以利用。当年《荒野大镖客》（*Gunsmoke*）和《拉维恩和雪莉》播出时，也许同样存在这类满怀激情的剧迷，但那个时代的技术限制了人们的热情，由于可以观看的次数有限，电视剧制作人所能发挥的复杂度也受到了限制。他们不能增加层次或曲折度，只能尽量维持最不令人反感的程度。

过去 10 年的技术革命以另一种方式促成了睡眠者曲线。随着重复观看技术的发展，复杂度得以更进一步，互联网的兴起为这种复杂性提供了一个新的场所，人们可以在网上对其进行剖析、批判、重新梳理和解析。几年前，我把这些新兴的网络社区称为"寄生网站"[1]，即依附于传统媒体的在线媒体，它们依靠那些更大的有机体生存。过去，公众对流行娱乐的讨论通常仅限于茶余饭后，但正如我们在《学徒》粉丝网站辩论中看到的，后续讨论已经变得更深入、更公开。即使是不算很受欢迎的影视剧，如 HBO 广受好评的电视剧《六尺之下》，也已经催生了数百个粉丝网站和论坛，每一集都受到仔细的审视和广泛的讨论，其程度之深，通常只有潜心研究的学者才能做到。粉丝网站为这部剧创造了一种公开展示热情的平台，谨慎的好莱坞高管们有时会将这些内容作为日后续订这部剧的理由，否则这部剧可能会因为平庸的收视率而被撤档。像《发展受阻》和《双面女间谍》这样观看人数较少的电视剧能存活好几季，部分原因是它们的粉丝满怀热忱地在网络上展开讨论，并在DVD 最终发行时愿意大量购入。

这些网站成了日益复杂的睡眠者曲线的解码器。忠实的剧迷在网站里合作撰写了大量的公开内容，包括情节概要、常见问答、细节指南等，并如热门的学术研究一样在网站上供人浏览参阅，且被更多剧迷不断扩充。没有这些新的渠道，除了最狂热的粉丝，新文化的微妙之处就会被其他所有人所忽视。而这些网站的公开性和合作性意味着，数十或数百名粉丝可以组成团队，捕捉节目的所有细微差别，并为那些缺乏动力的粉丝留下一个方便浏览的记录。因此，电视节目复杂性的门槛再次提高。

---

[1] 原文为 para-sites，兼有"寄生虫"（parasite）和"辅助"（para-）的双关意义。——译者注

《辛普森一家》的创作者们可以在每一集里埋下十几个微妙的梗，而这些细枝末节在几天内就会被原原本本搬上网络，公之于众。任何小典故或暗喻都不会被忽视，因为有成千上万的粉丝密切地追踪着这部电视剧。

后续评论的优势体现在了游戏攻略中：这些极其详细的游戏指南引导读者了解电子游戏的环境，其中通常会列出完成游戏主要目标的最有效策略。网上可以找到数百份这样的文档，几乎都是由普通玩家创建的，收集了朋友和游戏论坛上的技巧和技术。他们将这些游戏模棱两可的开放式规则结构浓缩成一种更线性的叙述形式，通常使用第二人称的称呼，就像下面这篇《半条命》的游戏攻略一样：

一旦你到达办公大楼，你的第一个任务就是走下走廊。大约走到大厅中间时，一根带电的电线会随机向地板上的水坑放电。你能看到的那扇门是锁着的。幸运的是，在带电电线前面有一根通风管。爬到管道那边，用撬棍把格栅打破。小心点，因为如果你向炉栅的右边移动得太远，仍会被电击中。爬进管道，顺着管道走到底。打破栅栏，爬进房间。小心藤壶，当你在房间里的时候，还会有更多的藤壶从天花板里钻出来。

在角落里，你会看到一扇门，上面写着"高压"。打开门走进去，然后按下开关。现在走廊安全了。

在走廊的另一端，你需要打破窗户爬过去。右边的房间里满是水，这个房间电路有问题，但你马上就会处理它。现在，是时候获得一些补给了。向左走，进入有木门的小凹室……

如果你在完全不了解游戏的情况下独自阅读这篇攻略，你会觉得它就像一部实验小说，像是由从《枪支弹药》（*Guns & Ammo*）或是《这所老房子》（*This Old House*）杂志里节选的文章拼凑而成的。游戏攻略里的故事基本上是难以读懂的，除非你身处游戏之中，而此时所有零散的细节和描述都带有一种启示的力量："原来这样就能通过走廊！"如果你对今天的电子游戏的空间复杂性持有疑问，并且没有时间坐下来亲自玩游戏，我建议你从网上下载一款这样的攻略，然后通过阅读攻略来体会游戏世界的规模和复杂程度。

20世纪30年代，俄罗斯数学家安德烈·科尔莫戈罗夫（Andrei Koll-mogorov）为任何给定信息串的复杂性下了定义：在不丢失任何数据的情况下，字符串可压缩成的最短比特数。文本字符串"史密斯 史密斯 史密斯"比字符串"史密斯 琼斯 巴特利特"简单，因为你可以将前者压缩为"史密斯 × 3"。数列"2、4、8、16、32、64……"比随机数列简单，因为随机数列无法用一个简单的公式来概括。你可以将游戏的攻略文本想象成游戏最初开放状态的压缩版本：攻略记录了从开始到结束的最短路线，其中走的弯路和错误的起步是最少的。攻略告诉你的，是你只需要知道的内容。从这些攻略的大小来判断，一般电子游戏的"科尔莫戈罗夫复杂性"已经以惊人的速度扩展了。《吃豆人》的压缩版是非常经典的"向左拐，向右拐，再向右拐"模式。你用几页文字就能表达整个吃豆人世界。相比之下，澳大利亚玩家亚伦·贝克（Aaron Baker）所写的《侠盗飞车3》攻略，足足有53 000字，和本书的字数不相上下。这份攻略如果用单倍行距、12磅字打印出来的话，足足有164页长。

　　"重复观看"的力争上游式经济学原理很容易理解："辛迪加模式"和 DVD 联合配销为那些通过重复接触而创造出足够复杂、能够保持趣味性的作品的创作者提供了丰厚的经济回报。但是，鼓励"后续评论"的经济回报在哪里呢？这个谜题的答案在于文化产业越来越重视"思想领袖"或"重大影响者"。过去，推销一种新文化产品的方法，是像推销洗涤剂一样推销它：把你的品牌和你的营销策略尽可能地呈现在更多人面前，并希望说服其中一些人购买这种产品。如果能用上广告牌和整版报纸广告，那就很不错。如果广告能紧随《考斯比一家》（*Cosby*）在晚间 8 点半的时间档播出，那就更好了。这就是大众营销的哲学，在消费者本身对产品没有巨大情感投入的情况下，它可能确实非常管用。但在涉及文化的领域，比如电影、书籍、电视节目，人们不只是根据大众广告的推销与产品建立关系。口碑营销往往更有影响力，在口碑营销方面，一些消费者的声音比其他人更响亮。他们是最早的产品使用者；是那些因为自己对流行文化了如指掌而感到骄傲，因为对新节目慧眼独具、品位非凡而感到自豪的人。

　　后续评论网站为这些"理论型专家"提供了平台，让他们的专业知识可以在公共渠道蓬勃发展。在互联网出现之前，一个狂热的游戏迷想要为他最喜欢的电子游戏写一份 53 000 字的攻略，却没有一个简单的办法让那些可能有兴趣阅读他作品的人拿到他的作品，要不就只能在人行道上给路人随机派发复印的纸本材料。现在"专家们"可以把他们的智慧传达给成千上万急切的玩家，这些玩家拼命地想要到达《侠盗飞车》中的第二座城市，或者找出"托尼·瑟普拉诺昨晚杀了那个家伙"

的原因。这些重大影响者和娱乐行家本身并不能获得真正的经济回报；亚伦·贝克写出 164 页的攻略不是为了发家致富。他这样做是因为他为有史以来最受欢迎的游戏创造了权威的指南之后，感到非常荣耀。（换句话说，这样做能获得社会回报，而不是经济回报。）但对于那些能吸引艾伦·贝克这样的人来消费其产品的娱乐创作者来说，其中确实存在一笔可观的经济回报，因为正是这些行家最终说服其他人来观看节目、玩游戏或看电影。而要吸引世界各地的艾伦·贝克们，就得把产品做得足够复杂，使行家们想要进行解读。重大影响者们总是视自己为走在流行文化前沿的人物，能够发现普通消费者察觉不到的文化形式或趋势，给予普通消费者指点。因此，吸引这些专家的方法就是给他们提供挑战他们解码技能的材料，让他们展现自己的才能。这样的系统青睐的不是那些最不招人厌的作品，而是那些突破常规的、值得深究的作品。最低公约数无法赢得忠实粉丝的支持。

## 睡眠者曲线与电速度的反复叠加

技术对睡眠者曲线的支持还有最后一点：它不断加速，引入了新的平台和风格类型。我们用了 30 年的时间来适应电影这种新的记叙风格，又用了 20 年来接受实况广播，然后用了 20 年来接纳"现在时"的电视节目。之后睡眠者曲线开始攀升：我们用 5 年时间适应了录像机和电子游戏；紧接着是电子邮件、网上聊天、DVD、TiVo。所有这些都在 10 年内成为流行文化菜单上的主要内容。麦克卢汉为这种加速发展创造了一个绝妙的术语——"电速度"（electric speed）：

> 今天，电子信息的瞬时速度使人们第一次能够轻易地识别变化和发展的模式和轮廓。整个世界，无论是过去还是现在，都像一株正在生长的植物，以极快的速度展现在我们面前。电速度就如同光，也如同对于原理的领悟。[9]

麦克卢汉认为，这种变化的速度揭示了媒体在塑造一个特定社会的世界观时所采用的、迄今为止看不见的方式；它让我们看到了媒体的影响，而不仅仅是其传递的信息。当你的文化几百年来一直与书籍紧密联系在一起时，你就无法理解印刷世界是如何微妙地改变你的头脑的。但是，如果你在一生经历了从电影转向广播，再转向电视的变革，不同媒体就会对你产生鲜明的影响，因为你有参照物可以衡量它们。启蒙是一件意义深远的事情，但它只是电速度遗产的一部分。适应不断加速的新技术也可以训练大脑探索和处理复杂系统的能力。当我们惊叹于十几岁的少年掌握技术的能力时，我们应该庆祝的不是他们掌握特定平台，比如 Windows XP 或者 GameBoy 的能力，而是他们可以轻松接受新平台，而不需要一直拿着说明书不放的能力。他们学到的不仅仅是特定系统固有的特定规则；他们还学到了一些抽象的原理，这些原理可以应用于任何复杂的系统。他们知道如何设定录像机，不是因为他们已经阅读并记住了市场上每种型号录像机的说明书，而是因为他们学到了检测和探索一项新技术的一般规则，不管放在他们面前的是什么型号的录像机，这些规则都能派上用场。

　　认知科学家们认为，最有效的学习发生在学生能力的外边际：要建立在学生已经获得的知识之上，但要用新的问题来挑战他们。若学习环境太容易或太困难，那么学生要么感到无聊，要么感到沮丧，从而失去兴趣。但如果环境与学生的成长能力同步，他们就会保持专注和投入。游戏学者詹姆斯·保罗·吉（James Paul Gee）观察到，这一现象在成功的电子游戏架构中发挥了作用。这就是所谓的"能力机制"原则。他写道："每一关都是围绕着玩家能力的外部极限而展开的，每一个关卡都力求做到足够困难，但又要完全有可能通关……这就导致了一种成就感和挫败感兼而有之的感觉；这种感觉对游戏玩家来说就像大拇指酸痛一样熟悉。"[10] 当然，游戏设计师并不是出于慈善才去创造这种学习机器；他们这样做是因为贴近边际的游戏能够带来经济回报。把游戏做得太难，没人会买；太简单了，也没人会买。创造一款挑战与能力同时演进的游戏，便能够大获成功，同时也建立起了一个强大的教育工具。

　　我认为能力机制原则也适用于另一种尺度：不是用 40 个小时来完成一部的电子游戏，而是用 100 年对电速度进行测量。当电影在 20 世纪初第一次成为主流时，那个时代的人们还没有准备好在接下来的 10 年里，掌握 10 项新技术和几十种新风格类型；他们必须先适应新的观影习惯，学习一种新的视觉语言和一种新的叙事机制。但是，随着新技术开始以越来越短的周期推出，我们对探索一种新媒体形式的过程越来越适应，我们了解它的特性和特点，了解它的象征性构架和它的参与规则，头脑逐渐学会了适应。最终，你会看到这样的一代人，他们乐于迎接新技术的挑战，以一种灵活的方式接受新类型媒体，这类人可能会让那些在第一部黑白电影年代战战兢兢、恐慌不已的观众大吃一惊。

技术制造商也有遵守能力机制原则的经济动机：如果你的新平台（比如操作系统，或者无线通信设备，或者 TiVo 风格的个人视频录像机）让人们感到太过熟悉，那么对潜在的消费者来说，它就像过时的新闻；但是如果你对能力要求太高，也会错失用户。在不过度消耗脑力的情况下，释放挑战脑力的新技术，并以越来越短的周期释放它们，那么记录我们"探寻"和掌握复杂系统能力的那条线将稳步上升，随着电速度的增加，它将以抛物线的形态向上攀升。

把近 100 年的数据记录下来，投射在表格中，你就会得到一个看起来非常像弗林效应的图表。

# 06

再造用户习惯，让流行迅速扩大

EVERYTHING
BAD IS GOOD
FOR YOU

过去的几十年里，流行文化力争上游，迫使我们重新思考自己对于大众社会趋势的假设：《美丽新世界》（*Brave New World*）中，我们被媒体灌输了一系列令人上瘾的麻醉剂，他们只关心自己的丰厚利润，而不关心消费者的智力发展。正如我们所看到的，睡眠者曲线的产生并不是因为媒体机构想要做慈善，而是由于重复观看和后续评论的技术问世，使得生产更具挑战性的文化能够带来更大的经济效益。但最终的结果是一样的：**让媒体生态系统按照自己的盈利动机自行运转，不断大规模炮制流行文化，而且随着时间的推移，这些文化将变得越来越复杂。**想象一个《美丽新世界》的版本，"肉体"和"感官"让你变得更聪明，你就能明白这其中的内涵。

如果说睡眠者曲线颠覆了大众文化的传统智慧，那么它也同样改变了我们自己的大脑，以及我们热衷传播的、关于大众文化的真理。几乎每一个关于流行文化标准衰落的杞人忧天之谈，都隐含着谴责受害者的意味：垃圾文化之所以繁荣，是因为人们天生就容易被简单、幼稚的快乐所吸引。孩子们在电视节目或电子游戏前走神，是因为大脑喜欢走神。这是大脑功能的"懒人理论"：人类大脑最希望外部世界不要让它做太多的工作。如果全按照大脑的喜好来，那么我们会更喜欢沉浸在无聊的幻想和平和的娱乐中。因此，文化产业永远不会拒绝基本的欲望。其结果是，用安德鲁·所罗门的话来说，社会的成熟过程，就是"精神萎缩的过程"。

这些都是很常见的情绪，但如果你从长远来看，就会发现它们包含了一组奇怪的假设。我们暂且把这个历史性的问题放在一边：为什么一大半的人口因智力萎缩而日渐衰弱，而他们的 IQ 分数却在加速攀升？我们应该从一个更基本的问题开始讨论：为什么我们的大脑一开始就主动倾向于萎缩？

《美丽新世界》的评论家喜欢大谈特谈传媒集团的罪恶，而他们的世界观中，对人类心灵的看法也是惊人的悲观。我认为，那种关于我们天生对垃圾文化怀有渴望的黑暗假设，完全是错误的。我们从神经科学中得知，大脑有专门的系统来应对并寻求新的挑战和经验。我们是解决问题的物种，当我们面对需要主动填充信息的情况，或者需要解开一个难题时，我们的大脑会强迫性地反复思考这个问题，直到找到答案。当我们遇到新的状况，当我们的环境以一种令人惊讶的方式发生改变时，我们的大脑会锁定这种变化，并试图将其置于特定的环境中，或解读其潜在的逻辑。

父母有时会因电视对幼儿的催眠效果而感到震惊；他们看到自己活泼好动的孩子安静地注视着屏幕，嘴巴张得大大的，于是他们有了最坏的想法：电视正在把他们的孩子变成"僵尸"。几年之后，当他们看到已经成为小学生的孩子在电子游戏世界中遨游，对周围的现实浑然不觉时，他们又有了同样的感觉。但这些表现并不是心智萎缩的迹象，反而是专注的标志。幼儿的大脑不断地在世界中找寻新的刺激，因为学习的全部意义就是探索和理解新事物和新经验。在一个大部分物品从昨天起就没有动过，也没有新面孔出现的房子里，电视屏幕上的木偶戏是孩子所处环境中最让人惊讶的东西，是最需要审视和规划的刺激。于是孩子就深陷其中了。如果你突然在客厅里表演一出真正的木偶戏，孩子肯定更愿意去关注。但在大多数普通的家庭环境中，屏幕上的刺激是最多样化和最令人惊讶的。孩子的大脑锁定这些图像是有原因的。

我们可以这样来思考：如果我们的大脑真的想沉浸在不需要动脑的娱乐活动之中，趋于萎缩，那么从《乒乓》到《模拟人生》，过去30年的游戏将会随着时间的推移而变得越来越简单。你永远不需要指南或是攻略，你就像神明一样遨游电子游戏世界，不会受到挑战和复杂的问题困扰。游戏设计师会激烈地竞争，以推出最简单的游戏；游戏虚拟空间会引导你毫无障碍地走向终点。当然，情况恰恰相反。游戏正飞速变得越来越具有挑战性：从《吃豆人》的单页攻略到《侠盗飞车》的53 000字攻略，其间仅仅用了20年。**游戏正变得越来越具有挑战性，因为经济利益刺激它们变得更具挑战性，而这种经济利益之所以存在，是因为我们的大脑喜欢接受挑战。**

如果我们的精神欲望将我们引向更复杂而不是更简单，那么为什么众多研究都表明我们现在读的书比以前少了呢？即使我们接受"电视和游戏可以提供真正的认知挑战"这一前提，我们也必须承认，书籍挑战的是种类不同但同样重要的心智能力。然而，我们正以稳定的速度远离纸质书。这难道不是我们的大脑被更差形态的文化所吸引的迹象吗？

我认为答案是否定的，有两个相关原因。首先，大多数关于读书的研究都忽略了互联网阅读的爆炸式增长，更不用说写作了。数以百万计的人每天大部分时间都盯着屏幕上的文字：浏览网页、阅读电子邮件、与朋友聊天、在 800 万博客中占有一席之地。当然，电子邮件对话或基于《学徒》网络的分析讨论，和文学小说肯定有所不同，但它们同样是由文本驱动的。虽然与经典小说相比，网络小说缺乏叙事深度，但许多网络互动确实具有真正的双向对话好处：你可以组织自己的话语，而不只是消化别人的话语。阅读消减的补偿是，我们的写作量增加了。

我们在网络上花费了如此多的时间这一事实，引发了另一个更重要的反对原因：是的，我们花在阅读文学小说上的时间变少了，但那是因为我们花在过去经常做的事情上的时间变少了。事实上，最令麦迪逊大道的广告大亨们担忧的，不是文学阅读的下降趋势，而是电视收视率的降低。美国最热爱求知的人群，即 20 来岁的男性，看电视的时间比 5 年前少了近 1/5。我们购买的 CD 越来越少，也不常去影院看电影了。我们越来越少进行这些过时的活动，因为在过去的 10 年里，大约有十几种新型活动已经成为真正的主流追求：上网、收发电子邮件、游戏、

DVD、有线电视点播节目、文本聊天。我们阅读的时间变少了，因为一天只有那么多个小时，而我们有如此多新的选择去消化和探索。如果阅读是唯一显示数字下降的文化领域，那么我们有理由感到恐慌。但所有的传统媒体都在分享这种衰落。只要读书仍然是我们文化饮食的一部分，只要新的流行形式继续提供它们自己的认知奖励，我们就不太可能很快陷入文化的精神萎缩状态。

## 社会的成熟过程，不是精神萎缩的过程

现在要说个坏消息。过去 30 年内，流行文化的历程是复杂性不断增长和认知需求不断增加的历程，这种上升趋势与我们的 IQ 数值的上升趋势是高度一致的，也很好解释，但睡眠者曲线也存在隐性代价。我们必须抛弃"美丽新世界"中的场景，在这种场景中，无须动脑筋的娱乐总是胜过更具挑战性的节目，我们必须彻底地抛弃乔治·威尔所设想的"日益幼稚的社会"。流行文化不是一场逐底竞争，现在我们可以欣然接受、开怀庆祝这一事实。但即使是最有益的社会发展趋势，也会带来不那么令人满意的边际效应。

互联网的兴起阻止了印刷业的消亡，也击碎了麦克卢汉和波兹曼的预言：印刷业会被图像社会所取代。多亏了电子邮件和网络，让我们阅读的文本总量同过去相比并未减少，而且我们还更多地参与了写作。确实，在这个社会中，一种具有历史重要性的特殊阅读方式变得不那么常

见了：坐下来读一本 300 页的书，紧紧追随书中的论点或叙述，丝毫不受外界干扰。我们现在以更短的时间处理文本，在网页上根据链接顺序阅读，或者从十几封电子邮件中筛选信息。在如今这个世界上，信息的来源更广，参与性也更强。然而，有些特定类型的经历是无法用这种简短的、链接式的形式来表达和传递的。情节曲折、一气呵成且极富说服力的佳作，其中每个前提论点都建立在前一个论点的基础上，有时需要整整一章才能传达出作者的观点，这种作品并不适合出现在电脑屏幕上。我无法想象没有电子邮件的日子要怎样过，我从博客和论坛中获得了巨量的智力营养，但我永远不会试图用这两种形式来表达你现在正在读的这本书的论点。波兹曼在这一点上是对的：

> 想要理解书面文字，就意味着必须遵循一条思路，这需要花很大力气进行分类、推理……在 18 世纪和 19 世纪，印刷业奠定了智慧的定义，它崇尚客观理性，同时鼓励发表连续的、有逻辑、有秩序的文章。理性时代与印刷术文化的发展同时出现，这并非偶然，印刷术首先出现在欧洲，后来又出现在美国。[1]

当然，网络文本有自己的智力优势：即兴对话、注释、交谈，都在这个生态系统中蓬勃发展，而且它们都可能蕴含惊人的智慧。尽管如此，它们所蕴含的智慧与阅读长达 200 页的论述性文字所传达的智慧是不同的。你可以轻松地在网络世界表达态度和观点；你可以和 20 个陌生人进行头脑风暴，这在 10 年前是不可想象的。但是，要传播一种成熟的世界观是比较困难的。当你访问某人的博客时，你会对他的声音产生一种奇妙的，有时甚至是非常亲密的共鸣感。但是当你沉浸在一本书中时，你会得到截然不同的体验：**你进入作者的思想，通过他的眼睛看世界。**

阅读小说时也会发生类似的事情。历史上没有任何一种文化形式能与小说相媲美，它能重现另一种意识的精神面貌，将你投射到其他人的第一人称体验中。电影和戏剧可以让你觉得你是情节的一部分，但小说能给你内化的视野：你能够进入的不只是别人生命中的事件，还能了解他们在事件中的意识和决定。当代经典文学作品足以证明这一点：例如詹姆斯、艾略特、伍尔夫、康拉德等人的作品。当你在阅读《一位女士的画像》（*Portrait of a Lady*）时，一旦你摆脱了 MTV 时代对快节奏的期待，让自己置身于詹姆斯拜占庭风格的句法中时，你就会真正领悟到另一个人的思考和感知方式，这种清晰通透的感觉近乎不可思议。但这种认知沉浸需要身体上的沉浸才能产生效果：你必须阅读这本书，投入大量的时间。如果你只阅读一小段文字，效果就会消失，就像一张动态图片消失在一系列静态图片中一样。

所以睡眠者曲线表明，在训练我们的大脑遵循不涉及真实互动的持续文本论证或叙述方面，流行文化做得并不好。正如我们在游戏文化中所看到的，当游戏形式真正具有参与性时，孩子们才在长时间专注方面显示出令人难以置信的天赋。当然，好消息是，孩子们并不是完全通过他们的任天堂游戏机或手机接受教育，我们还有学校和家长可以传授流行文化无法传授的智慧。斯波克博士的育儿手册毕竟有一半内容是对的：父母应该"从一开始就培养孩子对阅读和文字的热爱"。但他们也不应该低估其他媒体的优点。

那么性和暴力又如何呢？既然已经说完了当今流行文化所带来的认知挑战，那么回到道德问题上就再公平不过了。即使你能接受这样的前提：一整套的智力工具，包括我们的图像认知理论、"探寻"和"嵌套"的思维能力、分析复杂叙事的能力，都在流行文化的进步趋势中有所增强；你仍然可以有理有据地驳斥道，所有这些改进都无法抵消这些文化形式所宣扬的道德和行为标准的退化。在这种情况下，睡眠者曲线只能算作自我安慰——我们正在培养的这一代人，在认知上丰盈，在道德上却非常贫乏。智商尚可，价值匮乏。

我对这种看法表示怀疑，原因有几个。首先，我认为我们严重高估了媒体传递核心价值观的程度。大多数人都知道屏幕上的人物是虚构的，他们的缺点是为了娱乐我们，而不是给我们道德上的指导。在价值观方面，家长和同龄人仍然比托尼·瑟普拉诺或《侠盗飞车》中的劫车贼影响力更强。然而事实上，大多数电视节目、游戏和电影最终还是会被传统的道德善恶结构所吸引：好人仍然会胜出，他们通常是靠成为英雄和遵守准则来做到这一点的。只要有一部《黑道家族》或《侠盗飞车》这样的作品存在，就会有十多部像《白宫风云》和《塞尔达传奇》这样充满真诚良善和公民自豪感的童话故事存在。

# 流行文化不是一场逐底竞争

如今的某些文化确实逼近了可接受的健康道德价值观的底线，这一点不会让我们感到惊讶，因为神话、故事的本性，便是去探索社会公认的信仰和准则的边界。在道德准则一目了然的环境中，流行故事不可能蓬勃发展；它们往往会在某些既定秩序受到质疑或考验的地方绽放花朵。我们仍然在重述俄狄浦斯神话，因为它讲述的是对人类基本价值观的违背。在完美幸福家庭的故事中，所有人都遵守法律，价值观不会受到任何挑战，但这种故事不会吸引我们。就连《脱线家族》（*The Brady Bunch*）也为了让故事更精彩而让两个核心家庭解体崩溃。因此，当我们看到大众文化探索被许多人认为是道德败坏的行为时，我们需要提醒自己，偏离道德规范不仅仅是一个历史久远的故事。从真正意义上说，这只是故事的开始。

的确，今天的媒体比以往任何时候都更加暴力，至少在荧屏上，有意制造的暴力镜头更多了。在我们的故事之中，暴力是永恒的话题；暴力故事是探寻人类极端体验的叙事倾向的一部分。而如今，不同之处在于，我们可以看到身体暴力镜头的细节，这些细节在 50 年前是无法想象的。特别是电子游戏，在过去的 15 年里变得更加暴力，因为现代个人电脑的图形展现能力使得血腥场面更加逼真。

问题是暴力是否对观看它的人有影响。不用说，我相信不同形式的媒体可以在很大程度上改变我们的大脑；沉睡者曲线的前提原则是：越复杂的大众娱乐，越能创造出更善于解决问题的大脑。但暴力是大众媒体内容的一部分，正如我在之前已经解释过的那样，大多数娱乐内容的影响，与娱乐迫使你采取的思考方式所产生的影响相比，要小得多。这就是为什么我们敦促父母向孩子灌输一种对阅读的普遍热爱，而不必过多地担心他们读的是什么——我们相信，无论阅读的内容是什么，光是阅读行为就能带来值得称赞的认知益处。同样的原则也适用于电视、电影或游戏。

无论如何，《24小时》的内容都比《我的三个儿子》更暴力、更令人不安，但是《24小时》让观众以一种以前的电视剧从未有过的方式思考；它促使观众分析复杂的情况，跟踪社交网络，主动填充创作者隐瞒的信息。绝大多数电视观众都明白，他们在这些节目中看到的暴力是虚构的；他们明白，不应该指望托尼·瑟普拉诺为自己提供道德上的指导，也不应该在现实世界模仿《侠盗飞车》中的旅程。但他们在看这些节目或玩这些游戏时所进行的脑力锻炼并不是虚构的。想想那些在玩了《荣誉勋章》之后视觉智力得到提高的测试对象；通过在军事模拟游戏中射击，他们训练了自己的感知系统，从而拥有更高水平的表现。这一点很清楚。问题是，这种经历是否也让他们更有可能在现实生活中拿起枪，更有可能在解决现实问题时倾向于使用暴力？

如果大众娱乐的主题真的对我们的行为，尤其是年轻一代的行为产生了重大影响，那么从逻辑上来说，我们应该会在现实社会中看到与现状迥然不同的趋势。[2] 在过去的10年里，由于《雷神之锤》、昆汀·塔伦蒂诺的电影以及托尼·瑟普拉诺的出现，美国家庭陷入了前所未有的虚构暴力气氛之中，然而美国同时经历了其历史上最显著的犯罪率下降。是的，哥伦拜恩事件中的枪手们很可能受到了像《雷神之锤》这样的暴力游戏的影响。尽管这是一场悲剧，但我们并不能通过孤立的例子来分析社会趋势；我们可以看到过去10年社会的普遍模式，是暴力的减少而不是增加。这种改善恰恰在那些受到媒体暴力影响最严重的人群中最为显著。2004年年底，美国司法部和教育部发布了一份联合研究报告，[3] 该报告显示，在1992—2002年的10年间，美国学校的暴力犯罪事件减少了一半，每10万名学生中发生暴力犯罪事件的概率从48起降至24起。

现在，从理论上讲，媒体中的暴力画面仍然有可能在该时期内引发暴力行为，但这些影响被其他因素掩盖了，比如更好的治安、更高的监禁率和较低的失业率。如果没有《侠盗飞车》，也许每10万名学生中可能只有10起暴力行为。当然，所接触的媒体中的暴力，尤其是游戏中参与模式的暴力，对孩子们来说可能会起到安全阀的作用，否则他们可能倾向于在现实世界中诉诸暴力，所以这或许也会导致现实暴力减少。但有一件事我们可以肯定：如果虚构暴力与现实暴力行为之间存在某种正相关，那么虚构暴力的影响要远远弱于塑造社会暴力的其他社会趋势。

这意味着我们可以为所欲为、任其发展了吗？人们经常问我，睡眠者曲线意味着什么，对于家长们调节孩子业余时间的实际决定有什么指导作用？我意识到，在写这本书的过程中，我为自己塑造了一个错误的形象，让人们认为我推崇让孩子们整天玩《毁灭战士》，却从来不用读小说的做法。所以，请让我向正在阅读本书的家长们说清楚。是的，当今的趋势是媒体变得越来越复杂；是的，游戏、电视节目和电影具有我们应该更好地加以理解和重视的认知奖励，但是有些文化形式却能提供比其他文化形式更多的回报。

虽然我指出流行文化在某些方面改善了我们的思想，但这并不意味着父母和其他监护人应该停止关注孩子们选择的方式。我所主张的是，我们要改变用来确定什么是真正的认知垃圾食品，什么是真正的营养食品的标准。与其担心一部剧中的暴力或低俗内容，为走光或脏话而烦恼，真正的考验应该是去判断：一部剧是让人精神振奋还是让人平静？它是"最不招人反感"的节目，还是"最值得重播"的节目？是每隔30秒就有一串包含了可以预见的妙语的单线，还是映射了复杂的社交人际网络的多线？屏幕上的角色是跑来跑去射杀一切活物，还是在试图解决问题或管理资源？如果你的孩子想看真人秀，鼓励他们看《幸存者》而不是《恐惧因素》。如果他们想看悬疑剧，那就鼓励他们去看《24小时》而不是《法律与秩序》。如果他们想玩暴力游戏，那么鼓励他们玩《侠盗飞车》而不是《雷神之锤》。事实上，在对大众文化世界进行分类时，建立一个脑力劳动而非淫秽和暴力程度的评级体系，是非常有用的。对于父母来说，如果你的选择原则是建立在认知挑战而非内容上的，那么你就不必限制孩子只能每晚忠实地守在电视机前观看吉姆·莱勒（Jim Lehrer）或是诺瓦（NOVA）的节目；流行文化本身就提供了大量强力的认知锻炼。

就我们社会群体中所有人的媒体"饮食习惯"而言，无论年轻人，老人或是中年人，都适用于一条常识规则：一切适度。不管《模拟城市》有多棒，如果你在过去的一周在房间里玩得停不下来，那么你应该找本书来读读，改变一下这种状况，不过这本书最好不是《模拟城市》游戏指南。但我们也不应该全盘否定自己偶尔的痴迷。这些都是在我们的屏幕上创造出的世界，它深刻而丰富，如果你不稍微沉浸其中，就不可能探寻其中的物理，也不可能通过嵌套模式来实现多重目标。痴迷能让你熟能生巧，让你对自己的分析能力有信心：你会有一种感觉，如果你坚持在这套系统中投入更长的时间，你就会真正弄明白其中的运作机制。

孩子和大人都可以从这种痴迷中学到东西。事实上，这一文化转折点的独特机遇之一，恰恰在于儿童和成人文化之间的界限正变得模糊：50多岁的人也沉浸在《哈利·波特》中不能自拔；电子游戏受众的年龄中位数是29岁；与此同时，小学生们在《模拟人生》中从事两份虚拟工作，以维持一个虚拟六口之家的生计。我们这个时代最受欢迎的娱乐作品，如皮克斯电影、《指环王》、《幸存者》，对于10岁的孩子、X世代和婴儿潮一代都同样具有吸引力。几年前，作家库尔特·安德森（Kurt Andersen）在《纽约客》的撰文中，机智地描述了这种趋势：

> 与其他任何人相比，斯蒂文·斯皮尔伯格更应该对这一壮观的人口模糊现象负责。他发明了现代好莱坞标志性的混搭——成年人想在高端周六日场中看的电影、大人也想看的儿童电影，比如《夺宝奇兵》和《侏罗纪公园》……我们的父母可能看过《摩

登原始人》(*The Flintstones*),但成年人并不见得喜欢;而《辛普森一家》《一家之主》和《南方公园》才是老少皆宜的。⁴

我们常常把成人文化和儿童文化的界限模糊想象为一种冒犯行为,但这种人群模糊现象也有可利用的一面,只是我们没有充分认识到。孩子们被迫像成年人一样思考:分析复杂的社交网络,管理资源,追踪微妙的叙事线索,识别长远的表现模式。反过来,成年人也可以向孩子们学习:解读每一个新技术浪潮,分析产品界面,发掘玩游戏的智力回报。家长们应该把这看作是一次机会,而不是一次危机。聪明的教育不是强迫你的孩子吃绿色蔬菜,而是与他们一道分享。

## 成熟的认知系统才是流行制造机

多年前我自己设计的骰子棒球模拟游戏,如今已经不再留存什么痕迹,只有 1979 年洋基队的几张球员卡片还在。但多亏了万能的 eBay,现在我仍收藏了一些当年我最喜欢的游戏:APBA、《大数据棒球》,甚至还有《加时赛》。每隔一段时间,我就会拿出其中的一款,翻阅玩家卡片和图表。每一次把玩都令我陷入一种奇怪的遐想之中。一方面,那些游戏卡片的颜色、形状,甚至是字体,都令人熟悉到难以置信;另一方面,这些游戏与我的成年人生活之间,又产生了不可逾越的鸿沟。有一次,我花了整整一个晚上,仔细研究那堆没完没了的数据,试图集中我所有的知识力量,搞清楚这游戏到底怎么玩。当然,我本可以花点力气读完游戏说明，但我想用亲自探寻的方法来搞清其中的奥秘，因为10岁的我曾经对这个游戏的规则了如指掌，就像了解我生命中的任何事情一样。所以这能有多难呢？然而，我看图表的时间越长，游戏对我来说就越像一种密码，就像我从未学过的某种数字编程语言。与神秘感同时而来的是我的震惊：不是惊讶于10岁的我已经能学会这门复杂语言，毕竟孩子们是有惊人的认知力的；而是惊讶于我在无人强迫的状况下，愿意用毅力来投入地学习这样一个复杂的系统。

当我回想起10岁时的自己，蜷缩在卧室的地板上，看着我的骰子棒球模拟游戏表格，仿佛它是某种统计学经典时，我能看到睡眠者曲线的所有定义特征都潜伏在那里，慢慢滋长。毫无疑问，我是在自娱自乐，但乐趣来自探索虚拟世界的挑战，来自在过程中学习并完善它的规则。我从邮寄信封中得到的每一款纸版游戏，我自己设计的每一款游戏，都提供了一个令人陶醉的新宇宙，供我探索。最终我发现，比起真正玩游戏，我更喜欢研究新游戏的过程。我的骰子棒球模拟游戏没有衍生出有趣的叙事；我对游戏的痴迷，也不具备什么道德教育意义。我怀疑那独自关在房间里的岁月使我的人际交往能力受到了一定程度的影响。但我确信，在我人生的那个阶段，没有任何其他活动（无论是在课堂上还是在其他任何地方）能让我的思维如此专注和严谨。我正在学习如何在地板上用我的二十面骰子和我的情景图表协助思考。这种游戏可能看起来不怎么样，但话说回来，坐在那里埋头读书也不会怎么样。

那些年，我在骰子棒球模拟游戏中所进行的探索，对现今大多数孩子来说已是常事，无论他们是在探索《塞尔达传说》的世界，学习新的通信协议，还是在追踪《海底总动员》的多线程剧情。相信睡眠者曲线的作用，并不意味着老师、家长或榜样的力量已经过时；也并不意味着我们应该放弃阅读，让我们的孩子把所有的空闲时间都花在玩Xbox上。但它确实意味着，我们应该彻底地抛弃一些我们以往做出的、关于现代社会状态的简单假设。文化的逐底竞争纯粹是无稽之谈；我们并不是生活在一种堕落的、廉价的快乐状态中，如今的文化和过去的知识财富相比，也不会相形见绌。我们不是天生的懒汉，被最简单、最不招人厌的娱乐活动无情地吸引。在我们周围，大众娱乐的世界变得越来越复杂，要求也越来越严苛，我们的大脑欣然接受了这种复杂性，并为之深深吸引，同时这一吸引力反过来让我更愿意接受复杂性。流行文化的自然状态并不会随时间推移而逐渐简化，恰恰相反，我们今天的文化仍有很多广受欢迎的潮流兴起，等待着我们日后的赞颂。

# 你在梯子的哪一层

　　我写作《极速传染》这本书的目的，是想同你们展开一段对话，但在本书出版后的一两个月里，我开始担心这段对话将永无休止。甚至早在这本书在美国上架之前，伦敦的《星期日泰晤士报》（*The Sunday Times*）就报道了这部在美国引起极大争议的反常理之作。等到本书正式出版后，有至少一个月的时间里，平均每天我都要接受 10 次采访。博客圈就睡眠者曲线理论进行了热烈的讨论。十几个国家的新闻报刊都报道了有关本书的故事，尽管那时它还未在其他国家翻译出版。瑞典的一位读者寄给我一张小报头条的照片，上面赫然写着：评论家称看真人秀节目能让你变聪明！

　　最令人难忘的一次访谈发生在英国，那是在本书的美国版已经上架几星期后，我们正在英国对本书的英国版进行宣传。向英国人推销睡眠者曲线理论，让我颇为不安。我知道有关电子游戏和互联网复杂程度的讨论，对于英国人来说同样适用，但在电视方面，也许不尽然。20世纪70年代末美国的电视节目普遍质量不佳，让美国观众认同这一观点非常容易。但鉴于英国广播公司（BBC）一向保持着其威严的传统，或许英国人对于这一观点很难苟同？

当我得知，英国出版商在我到达后不久就为我安排了BBC广播3台的一档名牌文化节目的访谈时，我更感到忧心忡忡。他们向我解释了受访形式，这种形式怎么听都像是公然羞辱的绝佳方式：主持人首先会让我陈述自己的观点，然后由一位德高望重的英国文化评论家担任的"应答者"，会针对我的理论提出自己的观点。我在最后一分钟才到达演播室，只来得及和这位应答者打个简短的招呼，我本以为他会火力全开，很快就会轻蔑地拆穿我对美国垃圾文化的无力辩白。几秒之后，节目开始了，还在倒时差的我复述了一遍本书的论点。约莫10分钟后，主持人转向应答者："您对此有什么看法呢？您觉得约翰逊先生的论点可信吗？"

应答者停顿了一秒钟，然后说出了我最意想不到的话。"嗯，不得不说，我很震惊，他居然能写完一本关于流行文化中智慧的书，却一次也没有提到《吸血鬼猎人巴菲》（Buffy the Vampire Slayer）。"接着，他就《吸血鬼猎人巴菲》的结构和哲学复杂性进行了一场非常有说服力的演讲，这场演讲简直可以称得上是本书遗漏的一章。

我本该预料到这种提及《吸血鬼猎人巴菲》式的回应。虽然很多评论家认为本书的一些论点难以令人信服，但也有很多读者的反对意见是出于我漏掉了一些流行文化经典。许多人有理有据地抱怨我对于 HBO 经典犯罪剧《火线》（*The Wire*）的忽视；科幻迷们则常常指出《萤火虫》（*Firefly*）和《巴比伦 5 号》（*Babylon Five*）在我书中的缺席；真人秀节目观众埋怨我忽略了《极速前进》（*The Amazing Race*）这档节目。流行文化评论家亨利·詹金斯甚至在麻省理工学院对本书进行的公开讨论中提出，睡眠者曲线理论同样适用于过去 30 年的漫画书和职业摔跤比赛。

由于上映太迟，国际巨作《迷失》未被收录于此书中，这是我心目中最明显的疏漏。《迷失》讲述了数十名飞机失事幸存者求生的故事，其层次结构错综复杂，足以涵盖我所介绍的所有睡眠者曲线原理。《迷失》将"最适合重播"的理论提升到了一个全新高度：复杂的电视节目不仅可以盈利，甚至可以以一己之力改变整个电视网络世界。与此同时，在电子游戏领域，2005 年的全美秋季最受欢迎电脑端作品，是复杂程度举世无双的模拟游戏《文明 4》（*Civilization IV*），它让玩家得以重新体验完整的人类技术和经济发展历史。

大多数读者和评论家似乎都接受了睡眠者曲线的框架：流行文化在过去 30 年里一直稳步地变得更复杂，在精神上也更具挑战性。问题出现在书的后半部分，我提出复杂性增长的趋势对我们的思维产生了积极的影响。大多数反对意见都是围绕着我对弗林效应和智商得分不断上涨的论述而展开的。

一些读者正确地指出，IQ，甚至是 g，是对智力的相对狭隘的定义。因此，如果你对"聪明"的定义过于狭窄，就不能说"流行文化让我们更聪明"。对于那些批评我的人，我想说：我关注智商，因为它是一个恰好有适合数据的领域，也就是说，我们明确地知道智商得分在上升。但我并不是特别倾向于把智商作为衡量标准，而且我觉得还有很多其他的、甚至更重要的形式能体现我们变得更聪明，但其中大部分我们都未曾展开测试。也许最重要的是我们有时所说的系统思维：分析有多个交互变量随时间变化的复杂系统。智商得分根本无法衡量这种技能，但如果你玩过很多类似《模拟城市》的游戏，你就会非常擅长使用这种技能。这根本不是所谓的微不足道的智力形式，而恰恰是"缺乏"系统思维能力的表现，因而人们难以直观地理解诸如生态系统或复杂的社会问题之类的东西。

我写这本书的原因之一是鼓励学术界对流行文化潜在的积极影响进行研究，而不是无休止地重复"媒体暴力是否会导致现实世界暴力"这样的问题。好消息是，这些研究终于开始出现了，其中一些已经证实了我在本书中的见闻观察。就在我写这篇文章的时候，一项新研究刚刚发布出来，该研究表明，玩电子游戏可以提升大脑从"无所事事"的不活跃状态转为专注的任务驱动状态的能力，以及在复杂的状况下将有用信号从噪声中分离出来的能力，尤其在过度饱和、有很多潜在干扰的环境中，这些都是至关重要的心智技能，而这些技能往往在人到中年时就会逐渐萎缩。研究人员甚至建议老年人多玩电子游戏，以保持思维敏捷。

但这些研究仍然是罕见的，这意味着关于睡眠者曲线的有力论据仍然只是推测。对一些批评人士来说，缺乏确凿的证据是一大败笔。然而，让我们看看过去那些对文化及其对我们智力的影响进行过类似描述的同类书籍，尽管观点完全相反，但本书比之前的作品更关注经验证据。在某种程度上，你可以把这本书想象成《走向封闭的美国精神》（*The Closing of the American Mind*）和《娱乐至死》的镜像版本——这两本书的标题都大胆地宣称了文化对美国人思维的影响。如果你回头看看那些书，就会发现他们没有提供任何人们正在变笨的证据。他们只是提供了一个闲谈式的总体文化调查，并与过去的文化点相比较，然后就得出了消极的趋势，因而认为这种趋势会对我们的思想产生消极影响。

现在，我碰巧认为这是一种完全合理的写作方式——文化批评家有自己的角色，而社会科学家不应该扮演同样的角色。当然，在本书中，我也可以完全采用这种写作方式：简单地分析文化形式本身，并根据这些观察得出结论。不采用科学，不援引例证，不给出证据，仅仅是观察和分析。

但我不希望这本书只停留于文化层面。因此，我特意加入了其他证据和解释模型来支持我的论述，我解释了那些流行文化形式是如何让某些技能变得更敏锐，而这些技能正是智商测试中检测的部分，然后又展示了人们的智商数值在上升的事实。我关注了哈佛大学对于商业人士中的游戏玩家的研究，以证明这些技能具有现实世界的适用性，并以罗切斯特大学的视觉研究为例，表明即使是非常具有针对性的研究，也清楚地显示出从玩游戏到现实世界应用的能力转移。在注释部分，我解构了SAT成绩下降假象背后的数据，并解释了为什么自20世纪70年代的电视低谷以来，SAT考试成绩实际上一直在上升。我从脑科学中找到证据来解释这种学习行为最初为什么会产生。

我的论点完全基于实验室的数据吗？是不容置疑的吗？当然不是，这只是一个开端，是对进一步研究发出的"邀请"。但至少我在有确凿证据的情况下，努力使我的论点更为严谨，而不是像前文我们讨论过的那些作品一般，只是大众思想的笼统宣言。

然而，无论我对流行文化的现状有多么乐观，这本书都不应该被误认为是对整天不学无术、打电子游戏行为的辩护。在这本书的宣传过程中，在我所经历的访谈中，我发现我经常提及为什么我和妻子选择在小儿子出生后搬到我们现在居住的位于布鲁克林的社区：我们想让我们的孩子既能享受城市生活的各种刺激，又能体验景观公园带来的自然气息。我们不希望孩子们在成长过程中，每周末只在居民郊区的娱乐室里看电视。我们希望他们有一个平衡的生活体验摄取方式：在树林中建造堡垒，在电脑屏幕上创造世界，看《海底总动员》，在操场上交朋友，读书，发电子邮件，上网，打棒球。

那么，为什么要专门写一本关于大众媒体优点的书呢？因为尽管我们中的一些人觉得，打棒球、在操场上交朋友以及与大自然交流这样的体验在逐渐消失，但其好处却已经得到了普遍认同。但是人们对大众媒体的讨论，一直以来都集中在负面因素上，这使得人们无法合理地判断怎样才算过度。是的，流行文化可能会让人上瘾，耗费时间；的确，有时候你必须适可而止。但现实生活的社交也是如此，青少年的父母都知道这一点。然而，如果你没有关于潜在收益的可行理论，你就无法找出适可而止的界限在哪里。要为平衡的生活体验摄取方式做计划，你就需要了解所有摄取物的"营养成分"，而不仅仅是那些传统的"健康食品"的营养构成。本书就是我对于填补这一空白所进行的尝试，部分是基于科学，部分是基于阅读分析，还有部分是基于我为人父母和作为流行文化消费者的亲身体验。这本书就是这一话题的最终定论吗？我当然希望不是。

所以，当以融会贯通的方法研究文化时，总会出现这样一个问题：你将止于何处？如果梯子上的每一层都会连接到下一层，那么你需要从哪一层跳下去？为什么不能在解决《塞尔达传奇》问题时一路走到量子力学？近年来的畅销书排行榜上，有很多书的确展示了这样的能力（比如塞巴斯蒂安·荣格尔的《完美风暴》）。然而，对于流行文化评论家来说，阐释的阶梯有两道敏感的边界，那是由人类感知的范围来定义的。值得探索的现实范围是那些对文化体验有着物质上的、差异性的影响的范围。在这一范围的近端和远端，产生的效果就没有了关联性。一个玩家可能没有意识到他所沉浸的电子游戏正在激活他的多巴胺系统，但他仍然会感受到该系统的影响。有些游戏会比其他游戏更能刺激多巴胺活动的产生。因此，将我们的分析扩展到神经化学物质的领域是有意义的。但是最终产生多巴胺分子本身的亚原子关系就不那么重要了，因为这些力量在所有的大脑化学中都是恒定的，而且要感知它们的影响，只能通过间接的方式。

在这个范围的另一端，对视频游戏产业的宏观经济加以分析是有意义的，因为这些力量直接决定了游戏产生时可供选择的种类。但是在这里，地球围绕太阳公转的宏观引力关系并不值得我们分析，因为它对游戏体验没有明显的影响。的确，如果没有太阳，游戏行业将会发生翻天覆地的变化，但它的变化方式与地球上所有生命的变化方式完全相同：它将直接消亡。确切的适度范围，根据所讨论的文化而变化。如果你研究的重点是钓剑鱼文化，就像荣格尔的书中所写的那样，那么把视野扩大到全球范围的气象学是完全合理的。但大多数文化实践都止步于人类集体的层面：城市、经济、网络。

为了理解当今电子游戏的复杂性，你需要了解现代社区是如何在线共享信息的，但你不需要了解湾流是什么。任何尝试过这种方法的人都会告诉你，截断梯子的两端并不会限制你的视野，而中间部分具有相当大的研究价值。

《极速传染》这本书与我以前作品的不同之处在于，对于它的主题，大多数人已经形成了强有力的预设观点，这也有好处。一个人在写书的时候，会经历许多偶然的交谈，而这一次，这些谈话都意义非凡。在过去，这类对话大多以一种询问的态度开始："你正在写的书，是关于蚂蚁和什么的？"而每当我提出本书的论点时，人们就会跳出来，用自己基于流行文化现状所构想的理论来与我争论。不出所料，我发现家长们特别热衷于参与构建这些想法，有时还显得有点动机不纯。这些对话为我最终写出的内容涂上了一层色彩，开辟了一条全新的探索路径；他们的想法也让我意识到，我必须处理人们的反对意见。所以，我要感谢每一个在喝饮料、吃早茶时，或坐飞机时骂过我的人。无论好坏，你们都是我想象中的读者。

一些生活中的读者也为这本书提供了非常有用的评论：亚历克斯·罗斯（Alex Ross）、库尔特·安德森、杰夫·贾维斯（Jeff Jarvis）、亨利·詹金斯、道格拉斯·拉斯克洛夫（Douglas Rushkoff）、埃斯特·戴森（Esther Dyson）、克里斯蒂娜·库克斯（Christina Koukkos）、亚历克斯·斯达尔（Alex Star）和亚历克莎·罗宾逊（Alexa Robinson）。我父亲在本书的编辑工作快结束的时候，及时提出了一些建议，想要以此证明自己花那么多时间看《黑道家族》是有道理的。我还要感谢纽约大学互动电信项目（Interactive Telecommunications Program）的瑞德·伯恩斯（Red Burns）和乔治·阿格多（George Agudow），他们允许我在研究生的研讨课上讲授关于电子游戏的课程，这可是任何成年人都无法名正言顺做到的事。在理解游戏文化的力量和智慧方面，研讨课的学生给予了我极大的帮助。

我在《发现》（Discover）和《连线》杂志的编辑斯蒂芬·佩特拉内克（Stephen Petranek）、戴夫·格罗根（Dave Grogan）、克里斯·安德森（Chris Anderson）、泰德·格林沃尔德（Ted Greenwald）、马克·罗宾逊（Mark Robinson）促使我对技术和文化进行反思，正是他们塑造了本书里的许多思想；埃斯特·戴森慷慨地为我提供了她所著的《发布1.0》（Release 1.0）完整版，促使我对软件与大脑的交互方式进行思考。我也很高兴加州理工学院的"视觉之声"（Voice of Vision）项目邀请我来做关于流行文化优点的演讲，当时的我正在写这本书。

我要感谢我的研究助理伊万·阿斯奎斯（Ivan Askwith），从抄录书中节选段落，到生成我的偶尔显得有些怪诞的图表，再到帮助我编制

186

《黑道家族》叙事世界的整套理论，他全程参与其中。我想在接下来的几年里，伊万一定会大有作为。

关于我在河源出版社（Riverhead）的编辑肖恩·麦克唐纳（Sean McDonald），我该说些什么呢？他的全新编辑技术真是无可匹敌！我认为这本书里的每一页都是在他的评论或质疑之后才有所改进的，我深深感激他愿意让这本书从最初的设想变为现实。我要感谢整个出版团队对我的支持，特别是茱莉·格劳（Julie Grau）、辛迪·斯皮格尔（Cindy Spiegel）、拉里萨·多雷（Larissa Dooley）、吉姆·马萨（Kim Marsar）、利兹·康娜（Liz Connor）和梅雷迪斯·费布斯（Meredith Phebus），他们给我的支持和鼓励，是我最需要的。

这是我第一本从头至尾都在布鲁克林的新房子里写出的书，所以我要感谢我们的城市绿洲"公园坡"街区的所有成员，很多邻居朋友的偶然拜访，常常解救了受困于某一章而不知何解的我。茶吧和奈德丽咖啡店的咖啡；景观公园里成百上千的游人使之成为我午后离开键盘去散步的完美地点；孩子们砰砰地敲着书房的门，想要和电脑"共度一段美好时光"；最重要的是我的妻子，是她让我们的生活变得如此美好和幸福。

这本书是献给我的经纪人莉迪亚·威尔斯的，我们共事 10 年之久，甚至在我开始失去信心的时候，她仍对这本书充满了信念。如果不是因为这 10 年来她成了如此闪耀的巨星，我大抵会觉得亏欠她良多。事实上，我很高兴她仍愿意接我电话。

## 前　言　我们真的是在娱乐至死吗

1 George Will, *"Reality Television: Oxymoron"*. 乔治·威尔,《电视真人秀：矛盾修饰法》。

## 引　言　善用认知曲线，成功引燃流行

1 Peter Bebergal, *"How 'Dungeons' Changed the World"*, *The Boston Globe*, November 15, 2004. 彼得·贝伯格,《"地下城"是如何改变世界的》, 刊载于《波士顿环球报》, 2004 年 11 月 15 日:

　　《龙与地下城》并没有像一些家长担心和一些孩子怀疑的那样脱离主流，而是回到了讲

故事的领域。这就是我和我的朋友们那时正在做的事情：创造故事，理解被社会边缘化的感觉。我们创作故事，其视野宏大，里面有英雄、恶棍，以及各种神兽。即使是角色扮演游戏的主要对手——体育类模拟游戏，也能讲出关于冒险和荣耀的精彩故事。虽然我和我的朋友们并不总是很喜欢运动，但我们可以自己创造行动敏捷的角色。我们战斗，在空中飞行，百步穿杨，通过杀死巨龙或者躲避陷阱来得分。如今我们的影响力无处不在。我这一代的游戏玩家，整个青年时代都躲在到处都堆积着木板的地下室里，用几个铅制的小模型来扮演角色、讲述神话、模拟地形，那时的我们如今已成为电影制作人、计算机程序员、作家、唱片骑师和音乐家。

2 可以肯定的是，电视节目和电子游戏不是水分子；它们的诞生归功于一些人的热情和才能。《山街蓝调》离不了史蒂文·布奇科，《模拟城市》离不了威尔·莱特。这些生物物理学的解释并非毫无价值，但它们只是故事的一部分。当然，在大众媒体的报道中，在杂志简介和报纸评论中，它们已经无处不在。但当你试图解释文化史上的宏观趋势时，导演理论是有局限性的。如果不是史蒂文·布奇科发明了多线程严肃戏剧，也会有别人发明；当经济和技术条件成熟时，人们绝不会错过这样的机会。

"经济和技术条件"听起来像新马克思主义学派的文化唯物主义者的说法，他们把每一件人工制品都翻译成物质历史的"最终决定实例"。尽管文化唯物主义者在摆脱美学批评的传记性限制方面做了重要的贡献，并将作品与作品所处的历史时刻联系起来，而不是与个体的兴衰变迁联系起来，但是，他们仍然过于依赖意识形态批评的象征性架构。与"经济和技术条件"相关的文化作品，就像面具想要代表其下的真实面孔一样，虽然它们能够代表一些共同的特征，但也扭曲了另一些特征。历史在出产社会和技术关系的稳定关系方面稳步发展，文化漂浮在这个世界之上，把它的焦虑和矛盾转化为一种代码，这种代码常常使经历过这种动荡的人们更能接受它。另一方面，针对本书的某些评论内容，我想说，文化作品并没有试图象征性地解决历史变化所释放的矛盾。文化作品是历史变化的产物，而不是凭空想象的结果。

3　对于垃圾电视的态度，我们可以看看这个典型的例子：

　　20世纪90年代末，电视节目中开始出现了一些刺眼的新面孔，对此感到不安的不只是吹毛求疵的人或狂热分子。《纽约时报》1998年4月的一个头版故事是这样的："就好像孩子尽力表现出调皮捣蛋，以此试探父母的耐心一样，如今这一季的主流电视节目向美国家庭展示了最暴露的性内容、最粗俗的言语和行为。"《华尔街日报》曾在其通栏中大标题警告："现在是晚上8点，你的孩子正在电视上看性爱节目。"《美国新闻与世界报道》是这样总结这一趋势的："让孩子们见鬼去吧——这一定是本年度秋季电视节目的宣言……家庭电视时光一去不复返……今年秋季档的电视节目里充满了性爱内容。电视网络能理智一些吗？"
　　如今的电视娱乐方式让美国人大为震惊。恺撒家庭基金会

（Kaiser Family Foundation）1998 年的一项民意调查发现，2/3 的
父母认为，他们"非常关心"孩子们在电视上看到的内容。他们
最不满意的是性内容，其次是暴力，再就是粗俗的语言暴力。

参见：Karl Zinsmeister, "*How Today's Trash Television Harms Ameri-
ca*", *American Enterprise*, Manch 1999.

4 Steve Allen, "*That's Entertainment?*" *The Wall Street Journal*, November
13, 1988；史蒂夫·艾伦，《那也叫娱乐？》，刊载于《华尔街日报》，
1998 年 11 月 13 日。

5 Parents Television Council. 美国电视家长协会网站。

6 Suzanne Fields, "*Janet and a Shameless Culture*", *The Washington Times*,
February 2, 2004. 苏珊娜·菲尔兹，《珍妮特与无耻文化》，刊载于《华
盛顿时报》，2004 年 2 月 2 日。

## 01　游戏化思维：令人欲罢不能的电子游戏，
　　　应能给予玩家复杂问题的解决力

1 Benjamin Spock and Steven J. Parker, *Dr, Spock's Baby and Child Care*
(New York: Pocket Books, 1998), P. 625. 本杰明·斯波克和史蒂文·J.

帕克,《斯波克育儿经》, 1998 年, 第 625 页。

2 Andrew Solomon, "*The Closing of the American Book*", *The new York Times*, July 10, 2004. 安德鲁·所罗门的《美国图书的末日》, 刊载于《纽约时报》, 2004 年 7 月 10 日。

　　所罗门是一位有思想、有口才的作家, 但他的这篇文章却包含了一连串怪诞的论断, 这些论断没有事实依据, 也缺乏常识。思考一下这段话:"我写的上一本书是有关抑郁症的, 人们最爱问我的问题是, 为什么患抑郁症的人数呈上升趋势。我指的是整天看电视、玩电脑或看电视所带来的孤独感。反过来说, 文学阅读是进入对话的入口; 一本书可以成为你的朋友, 不是在你面前说话, 而是对着你说话。"首先, 大多数电子游戏都包含真正的对话, 即你的角色必须与屏幕上的其他角色进行交互, 而书籍中读者与文本之间的"对话"纯粹是隐喻性的。当你考虑到大多数游戏都是在社交环境中进行的(与朋友在共享的物理空间中, 或通过网络连接), 你便会觉得所罗门并没有在他痛斥的游戏形式上花太多心思进行研究。因此, 当他断言"阅读比看电视或玩电子游戏更难"时, 你不得不问:他说的到底是哪个电子游戏? 当然, 读《尤利西斯》比玩《吃豆人》难, 但读斯蒂芬·金的小说会比玩《塞尔达传说》或《模拟城市》更难吗? 不太可能。

3 我并不想过多地讨论手指的灵活性, 但值得注意的是, 在过去 10 年左右的时间里, 这些游戏的控制系统是如何显著变复杂的。比较一下

原版的《塞尔达传说》(1987 年 7 月)和较近时期的《塞尔达传说》
(2003 年 3 月)。16 年来,游戏发生了以下变化:

| 当时 | 现在 |
| --- | --- |
| 控制系统 | 控制系统 |
| 4 个方向键 | 2 个控制杆 + 4 个方向键 |
| 2 个动作键 | 7 个动作键 |
| 每个按键都有一种功能 | 每种按键组合都有一种功能 |
| 视角 | 视角 |
| 静止俯视视角 | 动态的玩家控制视角 |
| 能够看到全景 | 视野有限,必须进行操控 |
| 游戏在平面展开(二维) | 游戏是"虚拟"的(三维) |
| 操作 | 操作 |
| 向着 4 个方向中的其中一个移动 | 可向任何方向移动,包括上升和下降 |
| 战斗:2 个控制键 | 战斗:10 多个控制键,要求精确的时机和协调性 |
| 目标物体:按单一按键 | 目标物体:按指定按键,需学习指定的控制技巧 |
| | 拿取物品,要求时机和协调性 |

4 过去 10 年里,亨利·詹金斯对流行文化中犀牛形象的描绘,或许是
最准确的。我们对流行文化的反应,往往是期待得到简单的答案和快
速的行动。然而花点时间去了解当代文化的复杂性,是很重要的。我
们需要学习如何成为安全的、批判性的、有创造力的媒体用户;我们
需要评估我们消费的信息和娱乐;我们需要理解我们在媒体内容上的

情感投资；也许最重要的是，我们需要学会不把品位上的差异视为心理疾病或社会问题来对待。我们需要思考、交谈和倾听。当我们告诉学生，流行文化不能出现在课堂讨论中时，我们是在向他们发出一个信号，即他们在学校学到的东西与他们在家里学到的东西没有什么关系；当我们避免在餐桌上讨论流行文化时，我们可能是在暗示，那些对孩子们很重要的东西，我们不感兴趣；当我们告诉父母，他们不会理解我们喜欢的音乐或我们的时尚选择时，我们将父母与"我们是谁""我们看重什么"全然隔断开来。我们不需要分享彼此的激情，但是我们确实需要尊重和理解他们。

参见："*Enconraging Conversations About Popular Culture and Media Convergence: An Outreach Program for Parents, Students, and Teachers*, March—Max 2000"

5　Julian Dibbell, "*The Linreal-Estate Boom*", *Wired*, January 2003. 朱利安·迪贝尔，《非房地产繁荣》，刊载于《连线》，2003 年 1 月。

6　John Dewey, *Experience and Education* (London: Collier, 1963), p. 48. 约翰·杜威，《经验和教育》1963 年，第 48 页。

7　James Panl Gee, *What Video Games Have to Teach Us about Learning and Literacy* (New York: Palgrave, 2003), p. 90. 詹姆斯·保罗·吉，《电子游戏教会了我们学习》，2003 年，第 90 页。

## 02 社交思维：
## 爆火的电视节目，应能增加观众的社交智慧

1 在 20 世纪 60 年代早期，麦克卢汉就引入了热媒体和冷媒体之间的古老对立。我承认，我早就发现，在麦克卢汉的经典著作中，这些分类是最没用的；其中有某种违反直觉的东西，与它们试图描述的体验背道而驰。热和冷的定义取决于听众如何为了获取必要信息而"填补"细节。当一种媒体变得越发清晰明确，特别是针对特定意义的定位变得明确时，就不需要观众过多参与，然后它就会变得"更像热媒体"。麦克卢汉在《理解媒体》（第 22 页）中写道："热媒体比冷媒体更少参与，因为比起研讨会，研究需要的参与更少，比起对话，书本需要的参与更少。"他认为电视是一种冷媒体，部分原因在于图像本身的分辨率很低，不够清晰，而且其马赛克风格的信息呈现方式也很"冷"；相比之下，书籍应该是很"热"的，但你却不得不考虑一个没有说服力的前提：电视观众比读书人花了更多的脑力劳动来"填充"细节。我猜想，大多数人会用另一种方式来描述：书籍强迫你填满几乎所有的东西，因为你需要想象场景和人物，而不是让屏幕上包装好的声音和图像强加于你。对我来说，麦克卢汉分析中有用的不是"热"与"冷"，而是"填充"的概念。

2 Robert J. Thompson, *Television's Second Golden Age* (Syracuse, NY: Syracuse University Press, 1997). 罗伯特·J. 汤普森，《电视的第二个黄金时代》，1997 年。

3《黑道家族》和《山街蓝调》的故事情节如下：

**《黑道家族》**

克里斯托弗的谋杀

克里斯托弗的剧本

与小叔的冲突

卡梅拉的挫折

和利维娅阿姨发生冲突

梅尔菲医生和托尼

与政府的麻烦

家人查出托尼的所作所为

托尼的不忠

**《山街蓝调》**

雅布伦斯基和一位女士

经营旅馆

塞莱斯·格雷的审判

伦科的身世

弑母的冰人

老人杀人

被劫持的游客

福利罗和乔伊斯的恋爱关系

4 该剧第五季结束时发生了一件颇能说明问题的事情，制片公司 MTM 要求布奇科离开该剧制作团队。正如《纽约时报》的一篇文章所报道的：

> 《山街蓝调》是美国全国广播公司出品的一部警匪题材电视剧，因其复杂的故事情节和宏大的制作技术而备受赞誉。该剧的制片人和编剧表示，为了降低成本，该剧将在明年秋天简化情节，减少角色数量。
>
> 上周，该剧的创作者、执行制片人史蒂文·布奇科迫于压力，意外辞职，其后广播公司就公布了上述变化。该剧的制片人表示，临时演员的使用将会减少，一些常规演员也会比现在更少出现。他们表示，这些变化将有助于降低成本，并提升该剧的形象。该剧的第五季在每周四晚10点到11点播出时的收视率为29%，远远高于该电视台所需的最低水平。
>
> 杰弗里·刘易斯（Jeffrey Lewis）和大卫·米尔奇（David Milch）被该剧的制作方 MTM 任命为布奇科的接班人。刘易斯说："该剧的内容可能过于复杂，不太利于连续的叙事手段。这部剧的问题在于，我们不能如愿地完整讲出故事，因为我们不得不讲的东西太多了。"

参见：Sally Bedell Smith, "'*Hill Street' to Trim Its Cast and Plots*", *The New York Times*, March 28, 1985, p. C22.

5 随着《黑道家族》第三季的首播（2001 年 3 月 4 日），尽管只有 1/3
的美国家庭能够收看到《黑道家族》，但该剧吸引的观众数量已经超
过了大部分电视网络竞争者。特别值得一提的是，它在至关重要的
18 ～ 49 岁观众人群中强力碾压竞争者，且一直保持优势。《黑道家族》
第三季首播集在 18 ～ 49 岁观众群中获得了 5.8% 的收视率，成为当
周各大电视网收视率最高的节目。该剧第四季的首播拥有同一时段全
网最高收视率，而在周日晚上播放第四季剧集时，打败了所有竞争对
手。其首播集当周在 18 ～ 49 岁的观众中，播放排名第二，仅次于美
国广播公司的《周一橄榄球之夜》。

6 在 1995 年的一次采访中，波奇科在提到《一级谋杀》时，澄清了他
对电视剧的看法：“我们想要做的，是创造长期的影响。是要观众将
满足感稍做延迟，控制冲动，以追求更复杂、更令人满意的结局。当
你打开一本小说的第一页时，你也会有同样的想法。”

参见：Robert Sullivan, "*He Made It Possible*", *The New York Times
Magazine*, October 22, 1995, p. 54.

7 让我们比较一下《急诊室的故事》与《波城杏话》中的对话。以下是
《波城杏话》中，名为"唐氏综合征"的一集里的片段。这是整集中
最复杂的一段医学"肌理"，但是请注意，其中每一个有挑战性的句
子，都马上有人用"白话"进行"翻译"。这一集于 1982 年 11 月 16
日播出，编剧是汤姆·丰塔纳（Tom Fontana）。

在泰勒小姐的房间外

他们站在走廊上。莫里森靠在墙上。怀特正在咬指甲。

**怀特：**肝脏摸起来很硬，真的很硬。

**阿奇兰德：**你有什么建议？

**阿姆斯特朗：**放射治疗。

**阿奇兰德：**可能会有所缓解，但剂量必须限制在 2000 拉德以下。

**怀特：**那化疗呢？

**阿奇兰德：**一样，符合限制的剂量可能起不了作……还有其他主意吗？

**莫里森：**那切除部分肝脏呢？

**阿奇兰德：**照本宣科不一定有好办法，莫里森医生。

住院医师们茫然地看着彼此，或是盯着地板。

**阿姆斯特朗：**我想她知道自己快要不行了。

**阿奇兰德等她接着说下去。**

**阿姆斯特朗：**我们应该尽量让她舒服些……不然我们还能做什么呢？

8 "电视产业有一种规则，"纽约大学教授导演课程的电影制作人杰伊·阿纳尼亚（Jay Anania）说，"你告诉人们他们将要看到什么，然后展示给他们，再告诉他们他们刚刚看到了什么。而在《黑道家族》中，没有人提示观众接下来会发生什么，就像在生活中一样，总有一些未了结的事情，总有些隐喻等着我们来猜想。制作人兼执行制片人大卫·蔡斯在接受采访时表示，在主角接受治疗的场景中，他不会有意放大托尼·瑟普拉诺的脸，因为他不想让观众知道什么是重要的。他想让观众自己找出答案。"

参见：Libby Copeland, "*The Sopranos' Four-Octave Range*", *The Washington Post*, June 5, 2004.

9 亚特·凡德利在以下几集中被提及："监视"（第 2 集）；"红点"（第 29 集）；"男朋友"（第 34 集上）；"试飞行员"（第 63 集上）；"凯迪拉克"（第 124 集，第 125 集上、下）；"比扎罗·杰里"（第 137 集）"现在安静"（第 159 集）；"波多黎各日"（第 176 集）；"大结局"（第 179 集，第 180 集上、下）。

10《辛普森一家》电影参考列表由"辛普森一家档案网"提供。以下是《辛普森一家》中"普通"的一集"黑色鳏夫"中电影及其各自的参考出处。

《象人》（*The Elephant Man*）：莉萨的想象。

《铁窗喋血》（*Cool Hand Luke*）：捡垃圾；警卫队长的反光太阳镜；卫兵用手杖敲腿。

《绿野仙踪》（*The Wizard of Oz*）："蛇，我会想你的。"

《乱世佳人》（*Gone with the Wind*）："胡说八道。明天是新的一天。"

《惊魂记》(*Psycho*)：鲍勃挪开椅子，想找到尸体，却发现了巴特。（在电影中，维拉·迈尔斯扮演的角色挪开椅子，想找到贝茨夫人，却发现了一具尸体。）鲍勃非常吃惊，撞到了一个摇晃的灯泡。之后是一阵快速的小提琴声。

《黑寡妇》(*Black Widow*)：没有人相信英雄已经掌握了坏人的身份；为钱结婚，然后杀人；最后的谋杀是为了复仇；坏人由于傲慢自负，泄露了秘密。

11 《沙龙》杂志出色的电视评论家希瑟·哈夫里莱斯基（Heather Havrilesky），是少数几个意识到人们对真人秀中的"真实"有着根本性误解的人之一。许多人认为，这一电视题材中不允许有自我意识的存在。随着越来越多的参赛选手接触到真人秀节目，他们的行为和语言都变得越来越不"真实"。这一切归咎于人们将"真实"滥用在一个从未公开与现实主义挂钩，甚至不能展现精确的节目镜头的题材上。事实上，"真人秀"这个术语可能是指"真实世界"中，用来形容"年轻毕业生将要面对的世界"的那种所谓的"真实"，或者是"马上要动真格"的"真实"，再或者，更确切地说，"为了舔到最后一口花生酱，恨不得爬到别人的烤架上"的这种"真实"。

参见：Heather Havrilesky, "*Three Cheers for Reality Television*", *Salon*, September 13, 2004.

12 希瑟·哈夫里莱斯基又说对了："真实的人才是令人惊讶的。了解角色的过程，发现他们的优点和缺陷的过程，然后与其他观众讨论这些发现的过程，创造了一种大多数人在日常生活中都无法发现的模拟社区。这也许是对我们生活方式的悲观评论，但这并不是这些节目的错，它们揭示了一种与他人建立联系的内心渴望。与其让自己陷入不可触及的名人文化的幻景，或者陷入某个超人的、超虚构的'角色朋友'世界，不如重新发掘我们对真人的兴趣。"

13 Neil Postman, *Amusing Ourselves to Death* (New York: Penguin, 1985), p. 4. 尼尔·波兹曼，《娱乐至死》，1985 年，第 4 页。

## 03　参与思维：
## 黏性高的互联网服务，应能激发用户的前倾参与

1 Douglas Rushkoff, *Playing the Future* (New York: Riverhead, 1999). 道格拉斯·洛西克夫，《玩未来》，1999 年。

2 Postman, *Amusing Ourselves to Death*, p. 92. 尼尔·波兹曼，《娱乐至死》，第 92 页。

3 思考数字媒体认知挑战，方法之一是采用我在 1997 年出版的《界面文化》(*Interface Culture*) 一书中概述的框架。这些新媒体的独特之处在于，除了传统媒体的"内容"外，它们还需要对界面有所掌握，

而这些界面正在以惊人的速度发展。要发送电子邮件，你不仅需要考虑编写的过程，还需要掌握使用键盘和鼠标等计算机的物理终端、控制电子邮件程序本身的界面，以及操作系统的界面。将这些不同的认知能力与手写便条这种更直接的操作方式进行比较，你就会了解到现代数字界面对认知需求的更高要求。

## 04　系统思维：
## 口碑爆表的电影，应能不断升级大众的认知能力

1　Peter Ackroyd, *Dickens: Public Life and Private Passion* (London: BBC Worldwide, 2002). 彼得·阿克罗伊德，《狄更斯：公共生活与私人生活》，2002 年。

2　如果今天流行音乐没有经历相同的"睡眠效应"，原因应该是 40 年前的"重复革命"已经改变了音乐产业，当时音乐界从一次性消费模式转换成可以反复听上百次的专辑制作模式。当然，20 世纪 60 年代发生的流行音乐复杂性的变化，也有其他原因（既有才华横溢的音乐家诞生，也有历史变化的因素），但这个新出现的复杂结构有了提升的空间，是因为当时便于重复播放、供功艺术家们探索的新技术诞生了。从留声机时代开始，流行音乐就一直青睐能在观众脑中挥之不去的歌曲。但在 20 世纪 60 年代，这一切都改变了。突然之间，销量最高的变成了那些能让人们反复聆听的长专辑。歌词和音乐的复杂性都

有所加强，这是以前的市场所无法想象的。

关于私人通信领域，亨利·詹金斯指出，在漫画世界中，视觉和叙事复杂性也出现了类似的增长：

当代主流漫画的视觉复杂性在 50 年前几乎是难以理解的。我说 50 年前，是因为对视觉复杂性的推动，可以追溯到 20 世纪 60 年代，今天像大卫·马克（David Mack）或克里斯·威尔这样的艺术家所画的漫画，恐怕在斯特兰科最狂野的时代，他也无法想象。但还有一种新的复杂性叙事形式，它是通过发展同一角色在不同宇宙中的不同版本来体现的。漫画曾经通过连续性来发展复杂性，比如，要求读者追踪 DC 漫画世界 70 多年的发展历程，把几十年没见过的角色重新带回视野。这绝对令人印象深刻——你一定希望电视节目也能如此。但现在，他们也允许不同的作者，为同一个主角构建完全不同的版本，每个人都有自己的连续故事，每个人都有自己的诠释。所以，如果我是《蜘蛛侠》的粉丝，我每个月都会追踪四五个不同的蜘蛛侠宇宙，每次都得先回忆一下在这个宇宙中，梅婶婶是否知道彼得的蜘蛛侠身份。同时，像"异世界"这样的漫画系列可能会完全扭曲我们认知中的故事线：《超人之大都会》将会用弗里茨·朗的德国表现主义经典语言，讲述"钢铁战士"的起源；又或者《红太阳》会探究来自氪星的飞船如果不是降落在美国，而是降落在苏联，会发生怎样的故事；再或者《飞速子弹》探究如果我们模糊超人和蜘蛛侠的身世起源，让他们同时出场会发生什么。每一个故事都要求读者有广博的知识，不仅仅是漫画知识，还包括其他媒体传统的知识，以及阅读它们的能力。

## 05　更大的认知需求，更多的流行引爆点

1 詹姆斯·弗林和经济学家威廉·狄更斯（William Dickens）为 IQ 悖论提出了一个引人入胜的解决方案，为基因与文化互动提供了一个有用的模型，而基因文化互动的概念曾一度让评论家们备感困惑。

那些在这类基因上有较小优势的人，一开始在表现上就显出缓和的优势。然后基因开始驱动能力和环境之间因果关系的强大引擎。一开始，你在学校表现得好一点，你会因此受到鼓舞，而其他表现"迟缓"的人则会感到气馁。你学得更多，这能提升你的认知能力，使你凭借优异的成绩赢得赞扬，你也开始更乐意去图书馆。另一个孩子发现自己的强项是运动，他不愿多努力，不享受读书，进入了另一个群体。你们俩可能上的是同一所学校，但在那所学校里，你们为自己创造的环境是完全不同的。基因所赋予的适度的初始认知优势会在日后被加倍放大。

同样，正如不同的基因与不同的环境相匹配，相同的基因也与非常相似的环境相匹配。同卵双胞胎在成年后的智商测试中会得到非常相近的分数。根据亚瑟·詹森的模型，尽管受到环境强

有力的影响，但基因的力量更为强大。环境的影响是如此脆弱，以至于它不可能解释为什么你的孩子的 IQ 比你高出这么多。而我们的模型显示了其中的错误之处。它表明，亲属关系的研究隐藏或"掩盖"了环境对智商的影响。因此，他们并没有真正证明，从环境的角度无法解释随着时间的推移取得的巨大成就可能性。

参见：William Dickens and James Flynn, *"Heritability Estimates Versus Large Environmental Effects: The IQ Paradox Resolved"*, *Psychological Review*, vol. 108, no. 2 (April 2001).

2 Carmi Schooler, *"Environmental Complexity and the Flynn Effect"*, in Ulric Neisser, ed., *The Rising Curve* (Washington, DC: American Psychological Association, 1999), P. 71. 卡米·斯库勒，《环境的复杂性与弗林效应》，载于《上升曲线》，1999 年，第 71 页。

3 从弗林效应的角度来看玛丽·韦恩（Marie Winn）1977 年的著作《插电的毒品》（*The Plug-In Drug*）是很有启发意义的。韦恩的书在 2002 年进行了修订，增加了一些对新电子媒体的评论，这本书是"电视正在损害我们孩子的大脑"这种强烈说辞的重要原始文献资料之一。在这本书的 25 周年纪念版中，韦恩提出了很多可疑的断言，以证明电子媒体的破坏性影响。但她一度承认："几代看电视长大的孩子已经长大常人，他们的整体智力没有下降的迹象。"这当然是真的，他们的智力当然没有下降的迹象，因为实际上，其整体智力有上升趋势。

韦恩认为，电视和电脑"消耗大脑"的主要证据是语言能力测试成绩的长期下降趋势。她说，从 20 世纪 60 年代中期到 80 年代初，语言能力测试成绩稳步下降，然后在接下来的 20 年里保持平稳。她认为这种趋势精确匹配了同时期人们坐在电视机前的时间长短：1980 年参加 SAT 考试的一代在趋势里的低点，也是从摇篮到大学都有电视相伴的第一代。所以难怪他们的语言能力是近年来最差的。

韦恩的数字听起来很有说服力，但是当你仔细观察，会发现它们其实强化了睡眠者曲线假说，而不是她的人才流失理论。就 SAT 语言测试而言，睡眠者曲线的预测是：在电视全盛时期略有下降，也就是《欢乐时光》和《警界双雄》占有统治地位的那段可怕岁月；而随着文本驱动的互动媒体在 1985 年左右进入主流，睡眠者曲线将稳步加速上升。

事实上，正如你所见：从 1980 年到 2000 年，SAT 语言能力测验的平均分数持平，但是每一组人群的表现都有了显著的改善（只是群体的总体分数低于平均水平）。而在过去的 5 年里，甚至平均水平也上升了 6 分，这反映出在数字时代，人们对写作和阅读的重视程度有所提高。

4 罗切斯特大学的一项研究要求被试进行一系列快速视觉识别测试：

> 罗切斯特大学的研究人员发现，经常玩高速追车和激烈枪战类电子游戏的年轻人比不玩游戏的人表现出更优异的视觉能力。

例如，他们能更好地跟踪同步运动的目标，更有效地处理快速变化的视觉信息。

Associated Press, "*Fire Up That Game Boy*", May 28, 2003. 美联社，《烧死那个玩游戏的小孩》，2003 年 5 月 28 日。

5 John Beck and Mitchell Wade, *Got Game?* (Cambridge, MA: Harvard Business School Press, 2004). 约翰·贝克和米切尔·韦德，《准备好了吗？》，2004 年。

6 James Flynn, "*Massive IQ Gains in 14 Nations: What IQ Tests Really Measure*", *Psychological Bulletin*, 101, no. 2 (1987), p. 187. 詹姆斯·弗林，《14 个国家的显著智商增长：智商测试的真正含义》，刊载于《心理学通报》，第 101 卷，1987 年第 2 期，第 187 页。

7 1996 年，也就是家用 DVD 机推出的前一年，消费者在购买录像带上花了 60 亿美元，在租用录像带上花了 92 亿美元，电影公司从中获得了 75% 的销售收入和 20% 的出租收入。据亚当斯传媒调查公司提供的数据，2004 年，消费者购买和租赁 DVD 和 VHS 录像带的花费将高达 245 亿美元，其中近 150 亿美元将用于 DVD 销售，而这 150 亿中的近 80% 将通过家庭影院形式的收入流入电影公司。DVD 销售的爆炸式增长已经改变了这部好莱坞大片的收入计算方法。《海底总动员》在美国各大影院上映时的票房收入为 3.397 亿美元。随后，它在

家庭影院（包括 DVD）的零售和租赁领域获得了更高收入，共计 4.31
亿美元。

参见：Ross Johnson, "*Getting a Piece of a DVD Windfall*", *The New York Times*, December 14, 2004.

8 Thompson, *Television's Second Golden Age*, p. 39；参见：罗伯特·J. 汤普森，《电视的第二个黄金时代》，第 39 页。

9 McLuhan, "*Today it is the instant speed...*", *Understanding Media*, p. 353. 麦克卢汉，《理解媒体》，第 353 页。

10 James Paul Gee, "*High Score Education*", *Wired*, May 2003. 詹姆斯·保罗·吉，《高分数教育》，刊载于《连线》，2003 年 5 月。

## 06　再造用户习惯，让流行迅速扩大

1 Postman, *Amusing Ourselves to Death*, p. 51. 波兹曼，《娱乐至死》，第51 页。

2 新媒体学者大卫·刚特利特（David Gauntlett）巧妙地勾勒出大多数媒体暴力研究方法论中存在的问题：

　　要解释社会暴力的问题，研究人员应该首先知道社会暴力的定义，并借由参考资料对其进行解释，很明显，要以那些有过社会暴力行为的人作为参考：要研究他们的身份、背景、性格等等。从这个意义上说，"媒体效应"方法是反过来解决这个问题的，它先从媒体入手，然后试图将其与社会中的人联系在一起，而不是采取相反的顺序。

　　这是一个重要的区别。犯罪学家在用专业知识解释犯罪和暴力时，要考虑于社会因素，如贫困、失业、住房以及家庭和同伴的行为，而不总是责怪大众媒体。在一项我认为比较合理的研究中，研究者采访了78位青少年罪犯（他们都犯了较为严重的盗窃罪或暴力罪行），然后追溯他们使用媒体工具的习惯，并将其与500位同龄的普通学生进行比较（参见海格尔和纽波，《少年惯犯》，1994），发现这些少年犯比同龄普通学生看的电视和录像更少，而且他们一开始接触科技产品的机会就很少，要么就是对暴力节目没有特别的喜好，要么就是和其他爱看电视的普通青少年一样，要么就是根本不感兴趣。被调查者被问及"如果你有机会成为电视上的人物，你想成为谁？"

　　此时，这些少年犯感到很不自在，似乎很难理解为什么有人想成为电视里的人……在几次采访中，少年犯们一开始已经表示，他们很少看电视，不记得自己最喜欢的节目，因此也想不起有哪个人是他们喜欢的。在这些案例中，这些少年犯明显未能与任何电视角色产生共鸣，部分原因似乎是他们普遍缺乏看电视的机会。（第30页）。

David Gauntlett, *"Ten Things Wrong with the 'Effects Model'"*. 大卫·刚特利特，《效应模型的十大错误》。

3 Fox Butterfield, *"Crime in Schools Fell Sharply over Decade, Survey Shows"*, *The New York Times*, November 30, 2004. 福克斯·巴特菲尔德，《校园犯罪近十年来急剧下降》，刊载于《纽约时报》，2004 年 11 月 30 日。

4 Kurt Andersen, *"Kids Are Us"*, *The New Yorker*, December 15, 1997. 库尔特·安德森，《我们才是孩子》，刊载于《纽约客》，1997 年 12 月 15 日。

# 未来，属于终身学习者

我这辈子遇到的聪明人（来自各行各业的聪明人）没有不每天阅读的——没有，一个都没有。巴菲特读书之多，我读书之多，可能会让你感到吃惊。孩子们都笑话我。他们觉得我是一本长了两条腿的书。

——查理·芒格

互联网改变了信息连接的方式；指数型技术在迅速颠覆着现有的商业世界；人工智能已经开始抢占人类的工作岗位……

未来，到底需要什么样的人才？

改变命运唯一的策略是你要变成终身学习者。未来世界将不再需要单一的技能型人才，而是需要具备完善的知识结构、极强逻辑思考力和高感知力的复合型人才。优秀的人往往通过阅读建立足够强大的抽象思维能力，获得异于众人的思考和整合能力。未来，将属于终身学习者！而阅读必定和终身学习形影不离。

很多人读书，追求的是干货，寻求的是立刻行之有效的解决方案。其实这是一种留在舒适区的阅读方法。在这个充满不确定性的年代，答案不会简单地出现在书里，因为生活根本就没有标准确切的答案，你也不能期望过去的经验能解决未来的问题。

## 湛庐阅读App：与最聪明的人共同进化

有人常常把成本支出的焦点放在书价上，把读完一本书当作阅读的终结。其实不然。

---

时间是读者付出的最大阅读成本

怎么读是读者面临的最大阅读障碍

"读书破万卷"不仅仅在"万"，更重要的是在"破"！

---

现在，我们构建了全新的"湛庐阅读"App。它将成为你"破万卷"的新居所。在这里：

- 不用考虑读什么，你可以便捷找到纸书、有声书和各种声音产品；
- 你可以学会怎么读，你将发现集泛读、通读、精读于一体的阅读解决方案；
- 你会与作者、译者、专家、推荐人和阅读教练相遇，他们是优质思想的发源地；
- 你会与优秀的读者和终身学习者为伍，他们对阅读和学习有着持久的热情和源源不绝的内驱力。

从单一到复合，从知道到精通，从理解到创造，湛庐希望建立一个"与最聪明的人共同进化"的社区，成为人类先进思想交汇的聚集地，与你共同迎接未来。

与此同时，我们希望能够重新定义你的学习场景，让你随时随地收获有内容、有价值的思想，通过阅读实现终身学习。这是我们的使命和价值。

# 湛庐阅读App玩转指南

**湛庐阅读App结构图:**

12+图书订阅服务
纸质书
有声书
电子书
**读什么**

**湛庐阅读App**

泛读:一书一课
通读:通识课
精读:精读班
**怎么读**

优秀的读者和终身学习者
**与谁共读**

**跟谁读**
作者、译者、专家、推荐人和阅读教练

**三步玩转湛庐阅读App:**

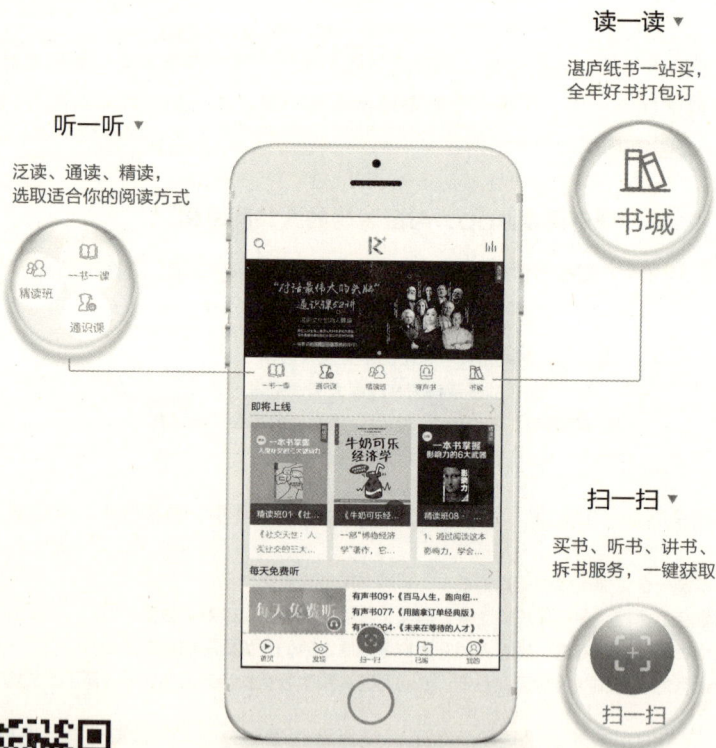

**读一读** ▾

湛庐纸书一站买,
全年好书打包订

**书城**

**听一听** ▾

泛读、通读、精读,
选取适合你的阅读方式

一书一课
精读班
通识课

**扫一扫** ▾

买书、听书、讲书、
拆书服务,一键获取

**扫一扫**

**App获取方式:**
安卓用户前往各大应用市场、苹果用户前往App Store
直接下载"湛庐阅读"App,与最聪明的人共同进化!

# 使用App扫一扫功能，
# 遇见书里书外更大的世界！

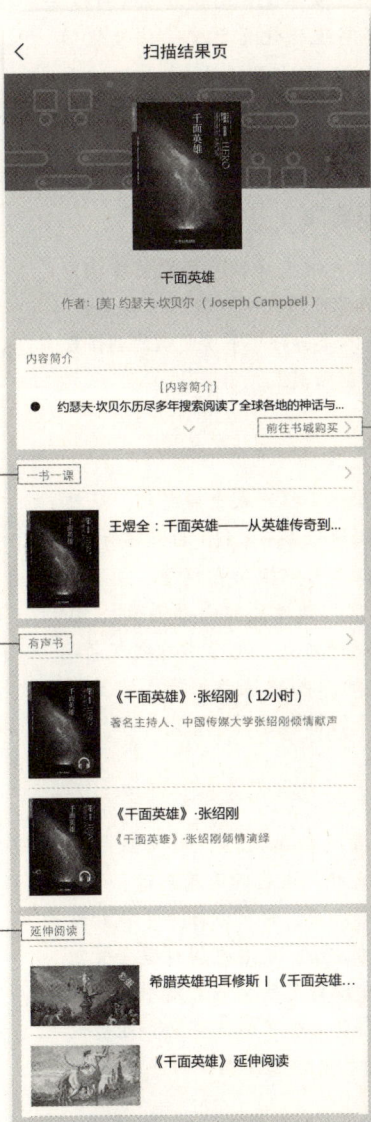

扫描结果页

千面英雄

作者：[美] 约瑟夫·坎贝尔（Joseph Campbell）

内容简介

[内容简介]
● 约瑟夫·坎贝尔历尽多年搜索阅读了全球各地的神话与…

前往书城购买 >

**快速了解本书内容，
湛庐千册图书一键购买！**

一书一课

王煜全：千面英雄——从英雄传奇到…

**大咖优质课、
献声朗读全本一键了解，
为你读书、讲书、拆书！**

有声书

《千面英雄》·张绍刚（12小时）
著名主持人、中国传媒大学张绍刚倾情献声

《千面英雄》·张绍刚
《千面英雄》·张绍刚倾情演绎

**你想知道的彩蛋
和本书更多知识、资讯，
尽在延伸阅读！**

延伸阅读

希腊英雄珀耳修斯 I 《千面英雄…

《千面英雄》延伸阅读

# 延伸阅读

## 《助燃创新的人》

◎ 科技界的达尔文，美国前总统克林顿、英国前首相布莱尔赞誉有加的畅销书作家史蒂文·约翰逊重磅新作。

◎ 史蒂文·约翰逊通过描写现代化学之父、伟大化学家约瑟夫·普里斯特利（Joseph Priestley）的传奇跨界人生，为我们重现了普里斯特利的五大创新思维特质，一个伟大创新者的形象栩栩如生起来。

## 《伟大创意的诞生》（经典版）

◎ 科技界的达尔文，美国前总统克林顿、英国前首相布莱尔赞誉有加的畅销书作家史蒂文·约翰逊重磅新作。

◎ 史蒂文·约翰逊通过深入人类600年重要发明的创新自然史，成功归纳出了七大创新模式。

## 《硅谷搅局者》

◎ 硅谷历史大师莱斯利·柏林里程碑式重磅新作。从塑造硅谷的七剑客身上，揭秘硅谷从0到1的崛起历程，进而引出颠覆历史、开创未来的搅局者精神。

◎ 首度聚焦为现代社会带来关键性突破的七剑客。《硅谷搅局者》通过刻画互联网之父、电子游戏之父等7位在硅谷历史上最重要的人物的风云故事，回答了硅谷之所以能够开创未来的根本原因。

## 《奈飞文化手册》

◎ 奈飞前CHO帕蒂·麦考德颠覆之作，对下载超过1500万次的"硅谷重要文件"进行的深度解读。

◎ 无论是初创企业还是成熟企业，都可以在书中找到适合自己的打造企业文化的方法。本书也同样适合管理者与普通员工。管理者发现自己的企业文化中存在的问题，找到改进的方向，员工则了解优秀的企业应该拥有怎样的文化，思考自己应该选择怎样的企业。